咒別人，
自己也得一起陪葬

呪術取り扱い説明書

咒術

使用說明書

《塔羅解牌研究所》暢銷作家 LUA 暗黑系力作!

26 種咒術與 12 種符咒

讓你心願成真，保護自己的祓除咒術！

LUA

——著

第一章

所謂咒術

所謂咒術

所謂咒術，指的是所有用以詛咒或咒語來殺人、將吉轉凶或凶化為吉的技法。「詛咒」是透過怨念發洩恨意，而「咒語」則是使用視為對象的人偶或持有物品，降災於對方身上，或者轉換吉凶時所用的。兩者都各自有創造出的技法，也屬於兩種不同體系。

大家熟悉的「痛痛飛走了！」咒語也可說是咒術的一種吧，雖然可能有用、也可能沒用，看似沒什麼意義的樣子，卻受到全世界的唱誦，算是淵遠流長的重要咒語之一。

受到民眾喜愛而唱誦的咒語還有大日如來真言「阿毘羅吽欠蘇婆訶（a vi ra hūṃ khaṃ svāhā)」，治病不用說，還能除魔除厄、招財招福，是句不管什麼問題都能解決的魔法咒語。只要唱誦密教最崇高神明的大日如來真言，任何願望都能實現，或許是從這種強烈相信中誕生其效力也說不定。

民眾唱誦的「阿毘羅吽欠蘇婆訶」其實有各種版本，在江戶後期編著的《閑田次筆》

中流傳著軼事寫到：有個唱誦「阿布拉桶蘇婆訶」就能治好人們疾病的老婆婆。

此外，做了惡夢時要唱誦「拿昨晚做夢時的難過去餵南天山的巨鯊，阿毘羅翁欠蘇巴訶」；驅逐蜜蜂時唸「阿布拉吽欠蘇婆訶」或「阿布拉欠欽、阿布拉欠欽」；被蜈蚣刺到則唸「阿布拉吽欠、阿布拉咖蘇」之類的。

即使如此單純的咒語，經過人們一個傳一個，成了變化多端的語句。事實上，執行儀式的莊嚴咒術有確實地記錄在文獻中，只要不是祕密傳承下來的，也只能參考現存的眾多說法。歷史上留存著眾多作為咒術傳說的史實，然而暗中進行的咒術真相仍舊是個謎。

生活在沒有科學或技術時代中的人們，如果生病、受傷了，應該也會有束手無策、只能等死的時候。此時會不停祈禱，想盡辦法執行救人的儀式吧！也有每當疾病流行，舉國進行加持祈禱、蓋寺廟神社來封印疾病的說法流傳下來。

探視慰問洪水或乾旱等自然災害時，也會進行祈禱儀式以求災情平息。過去某些時代會把活生生的人當成供品，奉獻給海洋、河川、湖水、群山及太陽等各個自然界神明，這種「人柱」的痕跡在日本各地都有發現。

此外，戰爭時進行勝利祈願，或爭奪政權時「詛咒」咒殺對手等，使用影響國家利益的咒術也很常見。現代都將之歸為都市傳說，不過如今在國內外某處祕密進行著咒術也可說不奇怪了吧！

文明發達，即使到了大半事物都能用科學說明的時代，咒術也未曾消失。咒術之所以不會消失，大概是因為人心不會消失吧！因為不管喜歡、厭惡或憎恨等等，這些人的強烈感情都不會消失。只要渴求某物的人心還在，或者有必要進行詛咒祓除時，如此實際體現巨大力量存在的，便是咒術。

將後悔或憎恨當成墊腳石邁向目標、以及將這種感情透過咒術詛咒別人這兩件事，思考一下，廣義來看說不定兩者是相同的。兩者都是以專心在一件事上為大前提，儘管過程嚴苛，信心卻能產生強大力量，正因為有意志力才能實現理想。

如果以真心執行咒術的意志力，一定能達成願望。

換個角度來說，如果能用這種感情與意志力面對並改變現狀，即使沒有咒術應該也能實現目標。

比起改變現狀，有的儀式性咒術更加困難，絕不是什麼輕鬆活。正因為確切實際，才能執行的就是咒術。

也有人說信神佛的修行者來施行咒術效果更好，這是因為施行平常就信仰、崇敬的神佛咒術會更加流暢的緣故。比起施行咒術時才借用力量的人，說不定更容易顯現效果。然而正如先前提過的，隨著心靈存在的狀態及目標方向不同，結果也會大相逕庭。

如果是毫不虛偽、真誠的感情，再怎麼污穢的願望發出的詛咒，都會在無意識中透過超自然的力量轉換成現實。如此一來，心態純粹者更容易實現詛咒吧！

即使滿意了，仍舊不能中途停止的也是咒術。打算放棄的那瞬間，心靈所產生的鬆懈會讓對手的力量復甦，容易受到詛咒反彈。咒術就是有這種缺點。

換句話說，咒術也可算是「信仰詛咒」。同樣的，如果你相信自己具備的潛能，也可能靠著比平常更活躍的行徑而實現願望。

一切都憑藉你自己的心。

咒術的歷史

從人類生活中誕生的咒術，其歷史可追溯到過著狩獵生活的史前時代，一開始使用的似乎是沒有體系化的原始咒術。

殘存於歐洲地區的舊石器時代遺跡中，發現了當時進行用石器埋葬屍體的儀式。從德國侯勒費爾斯洞窟挖掘出的維納斯像，據說是距今約三萬五千年前用猛獁象的象牙雕刻而成的，誇張放大了胸腰等處，象徵多產與豐饒。

而從舊石器時代遺跡——大分縣岩戶遺跡中發現了「木芥子形岩偶」，也有人說這是土偶的根源，不過出土的岩偶似乎並沒有土偶那麼多。

接下來的繩文時代延續了有一萬年之久，此時發明了土器，食材調理法改變，生活也因此變得更豐富。

土器好像是在埋葬人或祭典儀式等時候用的，另外也發現了許多土偶，其中大半損壞，據說由此推測是不是用在某種儀式中。

女性或象徵懷孕的土偶有很多，有可能藉由粉碎腹部祈求豐饒，或者將土偶埋在墳墓中祈求故人重生，另一方面，也有人推測是讓惡靈轉移到土偶上，作為替身。無論哪種說法，土偶都很有可能是施行咒術用的咒具。

換個觀點，與此同時代的有埃及文明及美索不達米亞文明。謎團重重的古埃及金字塔及木乃伊，正可說是咒術的痕跡。埃及人信仰眾神，祈求視為神明的掌權者魂魄永存與復活，所以做出木乃伊埋葬。

在美索不達米亞，則是透過占星術占卜未來、為了避開災禍施行咒術。恩奇都（Enkidu）的詛咒正如《吉爾伽美什史詩》（Epic of Gilgamesh）所寫，對當時的人們而言，說不定咒術乃為唾手可得。

時序進入彌生時代，在古代日本誕生了邪馬台國，由卑彌呼女王統治天下。謎一般的卑彌呼事蹟只殘存在古代中國的《三國志》中，據說她會使用所謂鬼道的詛咒、燃燒骨頭占卜吉凶等等，其存在如同薩滿（通靈人），好像有一百名奴婢殉葬在卑彌呼的墳墓。

古代像卑彌呼這類的人物會掌管控制人群聚集的聚落，可見她們身為巫女或魔女，活躍於世界各地的樣子。

古代會將活人當成人柱獻祭給掌權者墳墓的古墳，然而到了古墳時代，變成用埴輪（素陶器）替代。話雖如此，後來畏懼自然災害等時候，似乎也繼續沿用人柱祭祀。疑似鎌倉時代起便流傳下來，遏止新潟縣猿供養寺山崩的僧侶遺體也於西元一九三七年發現。

時序進展到大和朝廷統一日本，佛教自中國傳入，也影響了日本的咒術。當時歐洲發生日耳曼民族大遷徙，咒術或占卜中使用的盧恩文字擴散到各地。由人類誕生的信仰或咒術，隨著人類活動傳承了下來。

除了主要信仰，各地區也有固有的原住民信仰，聚落中施行的特殊儀式或咒術也不計其數，但沒有文字讀寫紀錄的時代之物，或許就漸漸被淘汰了。

到了飛鳥時代，有個關於「長屋王之變」詛咒的傳說：長屋王被密告「企圖用咒術顛覆國家」成為怨靈，後來對樹立藤原四子政權的四人作祟，使他們生病而死。在平安時代編著的《續日本紀》中，記載了「東人是誣告長屋王的人」，留下了長屋王無罪的見解。

除此之外，還有聖德太子詛咒讓瘟疫大流行等，流傳著許多有關歷史人物的詛咒。從人們相信爭奪政權時詛咒會影響運勢盛衰，以及即使證據曖昧不明若說是詛咒便成立等情況，也可想見產生不少冤罪。無論成功不成功，總有將咒術之力運用在政治上的時代。

源自朝鮮半島的「咒禁道」是經過體系化的咒術，既是醫療技術，好像也能保護施咒者免於刺客、猛獸或事故的威脅。咒禁道也導入了從古代中國傳入的道教及陰陽五行、發源於印度的密教等思想，逐漸在日本擴散。其教義在日本完成特有的進化，日本的陰陽道由此而生。

另一方面，日本自古以來的信仰及神道發生了神佛調合的現象，由此誕生修驗道及山岳宗教等派別，各自施行特有的咒術。外界傳入的思想與自古以來就存在的思想融合，形成了日本的咒術。

平安時代，最澄與空海傳入的密教，與由於安倍晴明之故備受矚目的陰陽道勢力大增。為了鎮守保護國家，多了用咒術來降伏敵人、治病或是操縱天候的色彩，之後發展出用咒術對戰的「咒術合戰」。

不僅如此，對咒術的需求也在市井小民中擴散開來。由於咒術師人才不足，使得咒術「祕笈」到處流傳，讓許多人得以輕鬆施行咒術。從古到今不變的是，總有人編纂新的「祕笈」。

咒術的種類

厭魅

厭魅指的是像「丑時參拜」那種，使用人偶或替身偶等的咒法。不僅稻草人，使用木片或紙做的人偶施行咒術也算是厭魅。也有人會在人偶上寫著施咒對象的姓名、年齡，再放入毛髮、指甲、牙齒等物，不過除了毛髮、指甲等物，也有人會用施咒對象的愛用物品或衣服當成標靶施咒。

使役鬼神

使役鬼神或妖魔等來詛咒對象的咒法，有名的像是安倍晴明的式神、役小角的前鬼與後鬼。透過咒術，要使役的「使魔」去嚇對方、偷東西或讓對方倒楣等等。使役動物靈很常見，有管狐或人狐、飯綱（靈狐的一種）、犬神或貓鬼、土瓶（靈蛇）等等。

巫蠱

巫蠱也稱為蠱術或蠱道，「蠱」這個字是在皿上寫三個虫而成的。巫蠱是將蟲類或爬蟲類等放進同個容器中，將最後存活下來的「蠱」拿來利用的咒法，看是要利用蠱的怨念或毒性，或者讓施咒對象吃下蠱來施行詛咒。

符咒

使用紙片的咒符、靈符等的咒法。用寫著願望的符進行祈願、隨身帶著走或讓施咒對象拿著，藉此施予好運。隨著符的種類不同，有的有特殊儀式或使用方法，變化萬千。

祓除附身

驅除、祓除生靈、死靈、怨靈或動物靈等某種邪魔附身的咒法。附身邪魔有的是從被得罪對象身上冒出的惡念，也有的是在某處不小心碰到的浮游靈。有時試膽大會跑去靈異景點會被邪靈迷惑，甚至附身。如果遇到一連串的不幸或災難，也有人會懷疑是被附身。祓除方式則要視附身邪魔的種類而定。

反彈詛咒

中了詛咒、應該能祓除的時候，讓詛咒還給施咒者、反彈詛咒的咒法。以好幾倍強度返還來自對方的詛咒，是非常強大的咒術，正因為反彈詛咒有如此強大的力量，才能以其人之道還治其人之身，獲得絕大的效果。

關於咒具

根據英國社會人類學家——詹姆斯．喬治．佛雷策（Sir James George Frazer）的咒術分類，咒術可依照咒具分為「模仿巫術」（imitative magic）與「接觸巫術」（contagious magic）。模仿巫術是以與對象相仿的東西為咒物，而接觸巫術則是以對象身上的東西為咒物。無論哪種咒物，都要在咒術結束後處分掉，是過程中的消耗品。

人偶或替身物

與對象相仿的人偶、咒符、替身物、對象照片等。也有人會在人偶或照片之外加上毛髮，當作施咒對象本人，或者當作轉移施咒對象疾病厄運等晦氣的替身。

愛用物品或身體的一部分

施咒對象的愛用物品、衣服、毛髮、指甲、牙齒或足跡等，對象直接碰觸過的東西，或者身體的一部分，用來視為施咒對象。

除此之外，有效果的咒具還有語詞、文字。向神佛祈禱的祭文語詞中，寄宿著言靈之力。希望憎恨的對象不幸，說出要他「去死」、「受苦」，由語詞記錄下來，便會產生詛咒。

姓名

直接代表施咒對象的姓名。用嘴巴說出人物名稱不用說，用文字記錄下來也有言靈，會支配施咒對象。

〈施咒者愛用的咒物〉

佛珠或神佛本尊等會保護施咒者、給予力量，用於提高咒術效果的物品。

咒術原本是由修行者施行的，其信仰的神佛有固定的隨身物品。

菅原道真與平將門

日本三大怨靈之詛咒　之一

懷抱著強烈憎恨變成怨靈的魂魄……被當成神明祭祀作祟，這就是日本三大怨靈之詛咒。

北野天滿宮祭祀的學問之神——菅原道真，因為藤原時平用計宣揚他意圖對天皇不利，結果被冠上莫須有的罪名幽禁在太宰府，失意至死。道真死後，發生乾旱疫病、與時平共謀的藏人頭（官職）在宮廷內被落雷劈死、親近時平的源光在狩獵中掉進池沼死亡、掌握權力的時平突然死亡、後醍醐天皇與皇太子病死等等，惡事接連出現，大家都說這是道真怨靈的詛咒並感到恐懼。而與被貶職的道真持續有書信往來的時平之弟——忠平及其子孫則平安無事甚至更加繁盛，成了藤原氏的主要流派。

祭祀於神田神社的平將門則是席捲了關東諸國，建立新國家之前卻因為將門之亂受到討伐。朝廷派出討伐隊，用上拯救國家危機的密教祕法——「太元帥法」，東大寺、國分寺等也進行了加持祈禱。調伏壇上供奉著土做的將門首級，似乎進行了連續七天的祈禱。展示在京都的將門首級死不瞑目、咬牙切齒，為了尋找自己的身體竟然飛了出去，掉落之處便為「將門首塚」。第二次世界大戰後，進駐的軍隊打算破壞此首塚時也不斷有人受傷，即使經過千年，其詛咒依舊盛行。

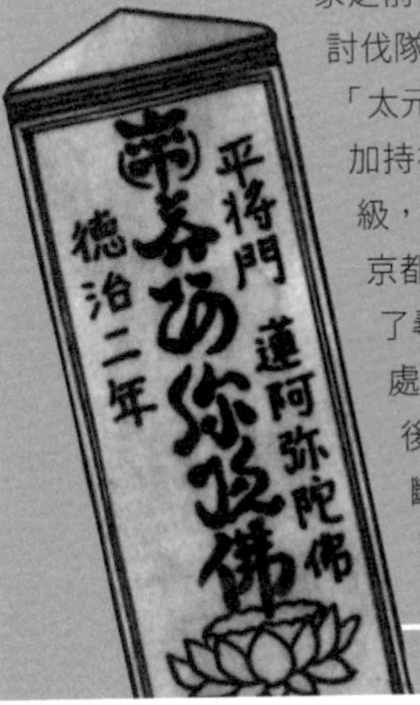

崇德上皇的詛咒

日本三大怨靈之詛咒　之二

被視為日本三大怨靈詛咒之一的崇德上皇詛咒，延續到保元之亂。崇德天皇是鳥羽天皇與藤原璋子所生的第一皇子，三歲時繼位成為第七十五代天皇。然而鳥羽上皇寵愛藤原得子，為了讓兩人所生的體仁親王繼承皇位，鳥羽上皇強迫崇德天皇讓位給體仁親王，因此十歲的崇德天皇變成了上皇。

體仁親王成為後白河天皇，之後其父親——鳥羽法皇駕崩，崇德上皇為了奪回實權發動戰爭，爆發後白河天皇派與崇德上皇派間的皇位繼承戰爭，史稱「保元之亂」。

戰敗的崇德上皇決心出家，但他被流放到讚岐國。崇德上皇用盡心力抄寫了經典，送到京都，但被後白河天皇認為其中融入了詛咒而退還，後來崇德上皇似乎用血書留下了「吾願為日本國之大魔緣，取皇為民，取民為皇」這麼一段話。

崇德上皇駕崩後，後白河天皇親近之人相繼去世，又發生延曆寺強訴（僧兵抬著神轎或神木示威、逼迫朝廷來表達訴求）與安元大火等重大事故，世人便害怕起崇德上皇的怨靈。

對崇德上皇怨靈的恐懼持續著，明治時代以後的天皇也會進行崇德上皇的鎮魂儀式。

第二章

咒術作法

咒具與道具——咒具、其他道具的蒐集與處分法

隨著咒術不同，使用的道具及材料也千變萬化。即使剛好手邊有能用的材料，也不要順手拿來就用，應當為了咒術去準備新品。只要不是稀有的道具或高價難以獲取的東西，也沒有說刻意要準備用過的舊物品等特殊條件的話，使用剛買來的新品是咒術的鐵則。

此外，硯台或毛筆等各種咒術中的必備道具，請當成你在咒術中專用的，只有施行咒術時才使用喔！不使用的時候請確實保養、清潔並收藏好。

處分時，有特別註明的東西就遵照指示，如果是沒有特殊要求的物品，請帶著感謝的心，有意識地向該物品表達「以上咒術完成」，撒鹽之後再丟棄。如果不願意丟棄的話，看是由神社供養後燒毀，或者自己來燒成灰燼。

咒術前淨身——咒術從淨身開始

咒術是讓巨大的存在或力量覺醒的神聖儀式，無論是哪種願望，都有必要清潔進行儀式的場地以及自身。

既然有髒污的雜質存在，為了不耗損給咒術的注意力，進行咒術的房間必須要經過整理。確實打掃乾淨、讓空氣流通，整理出一個整齊清淨的空間。

若有記載淨身的方法就照做，如果沒有寫，最少也要漱口，可以的話也建議洗把臉，也推薦淋浴，換上全新的內衣褲，以及能讓人放鬆、整潔的服裝，集中對儀式的注意力，更容易出現效果。

咒術前也不宜進行性行為，消耗自身能量、混雜了別人能量的性行為，會妨礙咒術。此外，除去對咒術的疑惑也相當重要。懷疑的心情會變成你自己的穢氣，只會抵銷掉淨身的效果。

執行時機——什麼時候施行咒術才有效呢？

如果咒術有規定施行時機就照做。沒有特別規定的話，配合月相、在不容易被別人發現的深夜進行應該不錯。

成就戀情、增加魅力等積極正向改變的咒術請在新月，或者新月變成滿月的期間動手。封印對手氣勢、想要減少災禍等朝負面進行的咒術則請在滿月，或者滿月逐漸消退變成新月的期間施行。

暗中進行——偷偷地，法律上也應該祕而不宣

咒術如果被別人發現，有的效力會減弱，甚至變成無效。此外，避免使自身遭殃，不宜多說，也不應被別人發現，好好地在暗中進行。

在奈良時代，經常發出禁止詛咒的敕令。「大寶律令」中有禁止巫蠱（咒語）的條文，「養老律令」則留存著禁止「蠱毒厭魅」的紀錄。現代日本的法律中並沒有禁止「詛咒」，不過那是因為無法用科學證明損害與詛咒的關係。然而「詛咒」被視為騷擾對方的行為，有可能以脅迫罪處罰，說不定會被認為罹患精神疾病，強迫住院治療。

此外，如果詛咒別人的事被第三者知道，會讓人留下不好的印象，也會被討厭。

無論如何，都應該在沒有其他人知道的情況下默默進行。

心理準備——懷有怎樣的心態更有效

咒術有放大心靈力量的作用。相信咒力毫不懷疑，是成功施行咒術的基礎。以「有效」為前提，認真地進行。因為咒術是讓巨大的存在或力量覺醒的神聖儀式，懷有疑惑等同於否定了巨大的存在，也可能讓自己暴露於險境。就算只有一絲絲懷疑，最好還是就此停手。

此外，施行咒術時，保持符合咒術主題的精神狀態也很重要。在祈求與喜歡的人過著幸福快樂日子的咒術中焦躁不已，或者詛咒別人時心中感到安穩且充實，有可能會招來反效果。

咒術期間——咒術的有效期間，可以連續施行嗎？

施行了咒術，雖然沒有效果，也不能馬上嘗試別的咒術。選擇了一種咒術，就要專心在該咒術上。如果同時施行好幾種咒術，有可能注意力不夠集中、咒術與咒術彼此交互作用，產生了不良副作用。

出現效果的時間會隨著咒術種類、施行狀況以及心靈狀態等而改變。有的咒術要唱誦無數次的經典或真言，也有的光準備就要花好幾天，視咒術種類而定。下定決心詛咒後，只能拿出毅力不斷重複進行。

出現效果的時間都不太一定，快的話從三天到一個月左右，通常估計三個月到半年，需要慢慢觀察。

如果要重新施行咒術或施行別的咒術，最少請間隔三個月之後再說。

最終覺悟——詛咒別人，自己陪葬。覺悟越深越成功

咒術需要付出對等的代價，因為不管是施加在自己身上的咒術，或者施加在別人身上的咒術，都會影響到施咒對象的未來。如施咒可能會造成精神不穩定、不停做惡夢等，被負面的副作用纏身，有時也會陷入比施咒前更糟糕的狀態。

守護對方的靈性存在力量如果比守護你的靈性存在強大，詛咒對方的同時，自己也可能承受反彈回來的詛咒。認為只能依賴咒術時，應該也是精神上慘敗的時候。不要帶著想逃跑的心情施行咒術，首先先調整好身心，以萬全的狀態面對。

此外，如果對喜歡的人施行了咒術，卻喜歡上別人；或者搞錯詛咒對象，實際上詛咒到別人，這些都很糟糕。一旦詛咒下去，可無法取消。好好分析自己想達成的願望，確認是否真的需要用到咒術。不是有不滿、不喜歡就詛咒別人，請冷靜、確實地考慮是否實際上受到傷害、是否有咒術以外的可行對策。

禍福相依，就像有人中了彩券、買了高級車，卻出車禍死掉的傳說，咒術完成後也可能會失去什麼無可取代的重要之物。請別忘了這點，並捫心自問：「真的無論如何都想實現願望嗎？」

咒術必須有始有終、持續到最後，要保持著相對應的意志力，並耗費時日進行。如果有如此努力的氣力，用咒術以外的方法也可能達成目標吧。在了解一切的前提下，選擇眼下對自己最好的方法很重要。

做了才後悔，為時已晚。

第三章

咒術大全

焦炭蠑螈

歷史

說不定可以算是中藥或營養品之物。在日本，會拿鼬鼠、蝗蟲、蛆、青蛙、烏鴉、蝙蝠、猴子、鱉、田螺、蜥蜴、泥鰍、蛇、螞蝗等生物，或者人體一部分、臟器等燒烤成焦炭來當作「偏方」。明治時代也曾發生過拿盜墓來的屍體頭顱燒成焦炭的事件。到了現代，好像也有人將焦炭蠑螈當成春藥或壯陽藥來販售。

準備用品

❖紅腹蠑螈……15隻

❖有蓋子的素燒土器（直徑15～20公分左右）……1個

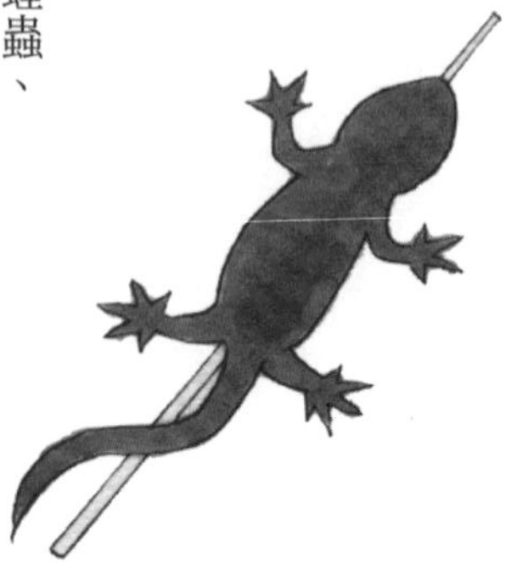

【焦炭】

據說有焦炭酸梅能止瀉、焦炭毛髮有止血作用、焦炭鰻魚對肺結核有效等等的民間偏方。昭和初期再版的《焦炭療法五百種》中寫到，焦炭能治療各種病症。雖然無法以科學方法證明，但實際上很多都「有效」。

❖塗牆用、有黏性的土……適量
❖炭火……適量
❖研磨缽、杵……各1個

步驟順序

1. 在丑時捕捉蠑螈，肚子需是紅色的紅腹蠑螈。不停地抓，直到15隻為止。在進行到步驟3之前的期間，要仔細地餵養抓到的蠑螈。
2. 有蓋子的素燒土器直徑要15～20公分左右，蓋子要能密封。在蓋子上開個直徑約1公分的小洞。
3. 淨身，將全身清洗乾淨後，一隻隻殺了蠑螈。殺了之後放進土器，蓋上有洞的蓋子。

【丑時】
凌晨一點～三點的時候。

【紅腹蠑螈】
日本原生種，因為肚子是紅色的，所以取名為紅腹蠑螈，也稱為日本蠑螈。棲息於水田、池塘、水流和緩的小溪等處，身長約10公分不等。雄性蠑螈的求偶行為非常熱情。

4 為了不讓蓋子打開，塗上有黏性的土固定。此時小心不要封住蓋子上的洞。封好後，就這麼放置兩天讓黏土乾燥，如此一來，土器便成為素燒的窯。

5 炭烤完成步驟4的土器，一邊調整火候，一邊緩緩加熱一小時左右。不能燒焦。

6 土器拿離炭火，直接放在一旁冷卻。

7 打開蓋子，取出並分散內容物，乾燥後放入研缽搗碎。焦炭蠑螈完成。

8 使用時機：在「子日子時」施行最佳。將焦炭蠑螈的粉末撒在意中人的頭髮上，或是抹在他的衣服或持有物品等都可。雖然歷史上也有讓對方吃下去的說法……也許會讓對方喜歡上你。

【子日子時】
用地支表示年月日的方法，例如西元二〇二〇年是子年。子月是農曆十一月，大約在國曆十二月。子日則會十二天輪到一次。子時代表半夜十一點～隔天凌晨一點的時候。

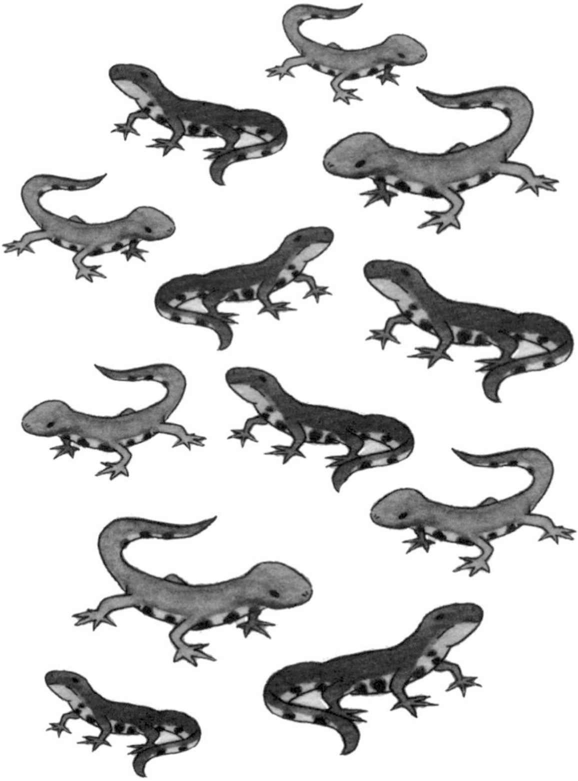

注意

如果使用生物的性命施行咒術卻沒有效果，可能自己本身會被那些生物們詛咒，這可說是相當危險的咒術。被要求要愛護動物是天經地義的事。

口是心非鏡

歷史

雖然不曉得起源於何時，不過這是流傳在江戶遊女間的咒術之一。寫下罵喜歡之人的話、再貼在鏡子後面的「鏡子咒術」很有效，穿越時空到了現代，也獲得眾多戀愛中人們的支持。隨著時代不同，使用的鏡子種類、壞話的寫法還有貼法等多少有變化，不過此處介紹的是《花柳界咒語與怪談》中所流傳，在當時據說有實際出現效果的作法。

準備用品

❖手鏡……1個
❖書法用的半紙（切成鏡子大小）……1張

❖書寫用具（毛筆、墨汁、硯台等等）……1組
❖意中人的個人資訊（姓名、地址）
❖漿糊……適量

步驟順序

1 用楷書在準備好的紙上寫下對方的姓名及地址。
2 接著寫罵對方的壞話，盡量寫。
3 最後寫上大大的「死了」。
4 把完成的步驟3顛倒用漿糊黏在手鏡背面。過不久就能邂逅意中人了。

注意 對方來訪時，不能讓他看到寫著壞話的鏡子。

【書寫內容】 用楷書寫的對方的姓名及住址後，也有只寫著大大的「死了」兩字的作法。

【漿糊】 碾碎飯粒做成的糊狀物也行。

與廁神約定

歷史

古早以前隨便挖個洞就是「廁」所，集中在廁所裡的屎尿會當成肥料拿去賣掉。如果小孩子掉進累積起來的屎尿中也會沒命。從便器中悄悄伸出慘白手臂的怪談等等，如此故事說也說不完。廁所的存在有如連接生與死的隧道一般，是個非常神祕的場所，所以有眾多遊女們在深夜的廁所……施行的戀愛占卜或戀愛儀式流傳了下來。

準備用品

❖能用馬桶沖掉的筆記紙……1張

❖意中人的個人資訊（地址、姓名、年齡）

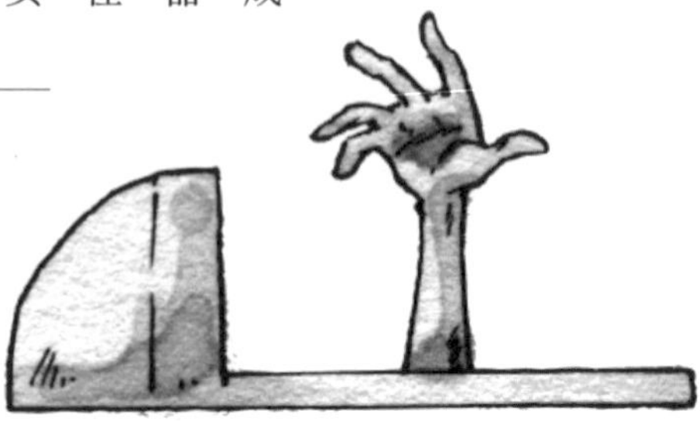

❖剪刀……1把

步驟順序

①決定要意中人來的時日，具體寫出「○年○月○日○時」。※這時決定的時間正是與廁神約定的時間。

②默唸意中人的地址、姓名與年齡，必須非常流暢唸完。

③將能用馬桶沖掉的筆記紙對折再對折，用剪刀剪掉打開時會位於中央的角。重點是在紙的中間要有洞。

④完成步驟3，凌晨二～三點間進入廁所，關上門。

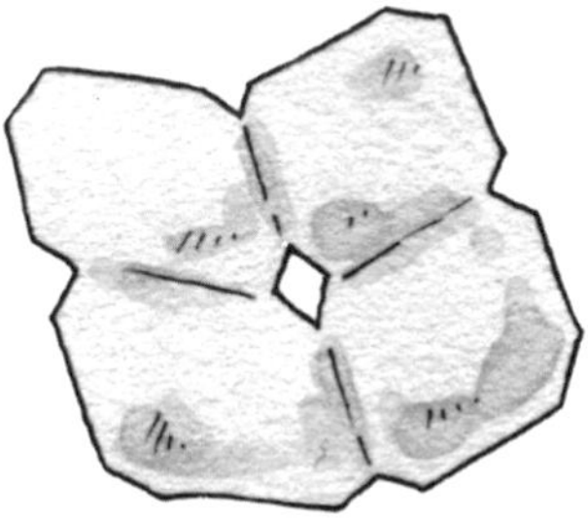

【廁神】
也就是所謂「廁所之神」。信仰廁神的並不限於遊女，廁神被視為重要的家神之一，也是女性的守護神來祭祀。

【能用馬桶沖掉的筆記紙】
指的是使用能溶於水的紙張。

5 紙上的洞對準嘴巴，不出聲音地唸出意中人的地址、姓名、年齡以及希望他來的時日。

6 向廁神祈求實現戀情的同時，將紙張丟進便器裡沖走，頭也不回地走出廁所，關上門。如果願望傳給了廁神，意中人就會在約定的時日來到你身邊。

注意 原本是用懷紙（茶會等場合使用的和紙）在蹲式廁所進行的，不過現在比較少見。所以為了能在坐式馬桶的廁所進行，需調整一下道具。如果能找到蹲式廁所的話，也可以用懷紙照原先的方式進行。

實現戀情術▼▼▼與喜歡的人結合

河川連結敬愛法

歷史

有在修佛道或修驗道的修行者，據說隨著時代變遷變得多樣化。進入江戶時代後，修行者成為替一般民眾服務的祈禱師活動。擁有堂室，落腳於農村的修行者們會替人治病、祓除附身惡靈、進行預言等，村民們有事情都來找他們商量。為了應對各種需求，修行者創造出眾多咒法，其中似乎也有祈念男女邂逅或分離的方法。

準備用品

❖和紙……1張

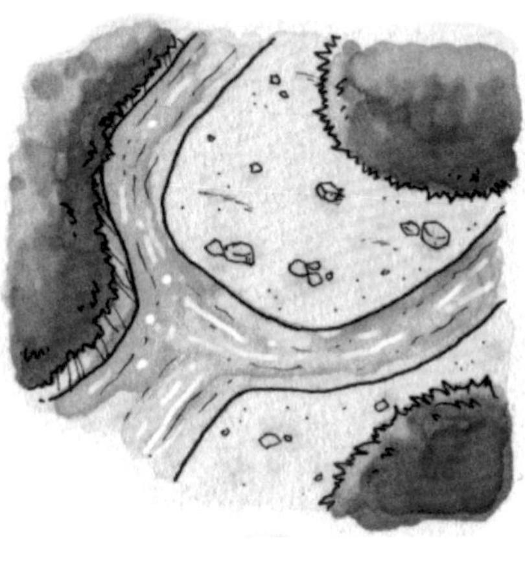

❖書寫用具（毛筆、墨條及硯台等等）……1組
❖用朝向東方伸展的枝條做成的人偶……2具
❖念珠的線……適量
❖從兩條河川會合處取得的水……適量
❖裝入棉布束口袋的五穀……1大匙左右

步驟順序

1. 在新月之日將全身清洗乾淨，安定心情。
2. 用兩條河川會合處取得的水磨墨，在一張和紙上寫進意中人與自己的姓名。
3. 將步驟2的和紙對折，讓兩人的姓名面對面，夾進用朝向東方伸展的枝條做成的兩具人偶中間。

【念珠的線】
串起佛珠的絲線。

【五穀】
指稻米、麥子、小米、大豆、稷或紫穗稗等穀物。

4 用念珠的線牢牢綁住人偶三個地方，一邊祈求戀情成功。

5 完成步驟4後跟裝入棉布束口袋的五穀，一起埋在十字路口。

6 從那天之後每天早上朝著朝陽誦讀般若心經，連續七天。

7 不僅會和戀愛對象結合，也能和想接近的對象產生關聯。這是個實現想要受到別人疼愛願望的敬愛法。

般若心經

觀自在菩薩　行深般若波羅蜜多時　照見五蘊　皆空
度一切苦厄　舍利子　色不異空　空不異色　色即是空
空即是色　受想行識　亦復如是　舍利子　是諸法空相
不生不滅　不垢不淨　不增不減　是故空中
無色無受想行識　無眼耳鼻舌身意　無色聲香味觸法

【般若心經】正式名稱為《摩訶般若波羅蜜多心經》，據說是用二六六字來表現三藏法師從印度帶回來的六百卷《大般若經》內容。從中能得知頓悟的境界。

無眼界　乃至無意識界　無無明亦　無無明盡
乃至無老死　亦無老死盡　無苦集滅道　無智亦無得
以無所得故　菩提薩埵　依般若波羅蜜多故
心無罣礙　無罣礙故　無有恐怖　遠離一切顛倒夢想
究竟涅槃　三世諸佛　依般若波羅蜜多故
得阿耨多羅三藐三菩提　故知般若波羅蜜多
是大神咒　是大明咒　是無上咒　是無等等咒
能除一切苦　真實不虛　故說般若波羅蜜多咒
即說咒曰　揭諦　揭諦　波羅揭諦　波羅僧揭諦
菩提薩婆訶　般若心經

注意

埋藏的十字路口必須要選擇泥土路，所以會有人疑惑自己住家的附近有嗎？為了不讓埋進去的東西被挖出來，深度要數十公分比較好。此外，不能擅自埋在公有道路等處。

鬼子母神成婚咒法

歷史

被認為在室町時代發現的鬼子母神像，安置於雜司谷的鬼子母神堂。鬼子母神相當靈驗，所以大受歡迎，信仰繁盛，是作為法華行者的守護神，受到崇敬的女神。鬼子母神擁有嘴巴裂開、頭上長角的鬼神之姿，以及抱著孩子美麗的天女之姿兩張面孔，說不定是為了守護自己的孩子而變得如此。如果現實有結婚、養育孩子的必要，鬼子母神或許能助你一臂之力。

準備用品

❖鬼子母神像……1張

❖祭壇（蓋著白布的桌子）……1張

❖供品（花、水及點心等等）……適量

❖沉香……1塊

❖灰……大約能做成人偶的量

步驟順序

①在新月的夜晚焚燒沉香，手結被甲之印，不停唱誦鬼子母神陀羅尼直到能流利默背。

鬼子母神陀羅尼

曩謨囉怛曩怛囉夜引耶　娜莫賀哩底曳　摩賀藥乞史抳　訶謨
伽曳　薩底曳嚩儞　沒馱鉢哩野曳　惹多賀哩抳曳　半左補怛
囉　捨多鉢哩嚩曳　畢哩迦囉曳　麼呬多薩嚩薩怛嚩　曩麼塞
訖哩跢曳　婆誐鑁賀哩底曳　訖哩乃野麼襪跢以灑銘　沒馱帝

【沉香】瑞香科常綠樹的樹液，經過長時間變質後變成會散發香味之物，其中品質尤其好的沉香稱為「伽羅」。

【被甲之印】

䓕婆爾底　薩麼囉多曳　婆誐鑁補囉囉乞灑枲　婆誐鑁母紫多
枲　跛囉補怛囉　尾覲曩尾曩野迦　沒哩跛三麼儞多怛囉拏羅
滿怛囉跛娜補娜攞　賀囉灑曳　怛儞野他　枲嚩　跛哩嚩　寗
怛囉曷底　薩嚩羯麼迦囉拏曳娑嚩賀

Namo ratna-trayāya. Namo hārītye mahā-yakṣiny ā-mukhāye, pañca putra śata pari-vārāye, sarva sattvānāṃ ca namas-kṛtā priya-darśane. Bhagavatī hārītī hṛdayaṃ mâ-varta iṣyāmi, satya-vācaka buddha anu-jñātāye. Buddha-tejo-anubhāva satya adhiṣṭhite, bhagavati hārītī sarva praty-amitrāṃ, sarva vighna-vināyakāṃ mahā-mantra balav atte pra-mardane; mahā-mantra pari-trāṇāṃ sarva sattva āśā pari-pūraya. Tadyathā, oṃ, śevadhi pari-vardhane, tyagā kāma-kāreṇaye svāhā.

② 等到能流暢唸誦鬼子母神陀羅尼後，在新月的夜晚用灰加水捏成人偶。

③ 房間打掃乾淨，淋浴清潔身體。

【陀羅尼】
梵語「Dhāra ī」的漢字。陀羅尼是佛教咒語般經典、咒文的一種。

4 將祭壇設在房間東方，朝西擺設鬼子母神的畫像，擺上供品，關上門窗，讓房間變得昏暗。

5 手結召請印，一邊想像著理想的結婚生活，一邊唸誦鬼子母神陀羅尼108遍。燃燒沉香，供奉灰做的人偶。

6 每日膜拜灰人偶7次，鬼子母神現身，就能實現結婚的願望。

注意 即使鬼子母神現身了也不能放心。要不停暗中唸誦與供養，在習慣鬼子母神現身前都不能與之對話，不然有可能帶來災禍。

【召請印】

擊退情敵術 ▼▼▼ 讓對方感情失和

焚燒稻草人

歷史

用於詛咒的稻草人，是拿來當作厭惡對象的替身人偶。藉著對稻草人施加某種詛咒、再向神佛祈願，能促進詛咒對方的效果。在丑時參拜中，會用五寸釘將稻草人釘在神社的御神木上。然而事實上，無論哪種傳說，幾乎都沒有記載具體的方法。以下將介紹稻草人詛咒中，留存到現代、用稻草人來讓對方感情不和的方法。

準備用品

❖稻草人……1個
❖對方的頭髮或指甲、毒物……適量

【稻草人】
雖然很容易被認為「稻草人＝詛咒」，不過稻草人也會在埋葬死者時當成陪葬品，或者拿來當成轉移疾病或災禍、解除附身的替身。為了驅逐疾病，也有將稻草人放在道路上的傳說。

❖焚燒用的木頭與火種（火柴、蠟燭或報紙等）……1組

步驟順序

1 將對方的毛髮或指甲等與毒物混合，抹在稻草人上。

2 丑時，在能安全燃燒的地方架起木頭堆，像露營那樣生火。

3 火燃起來的時候，詛咒想讓跟自己意中人感情不和對象（情敵）的稻草人，丟進火中。

4 確實地燃燒稻草人，等到燃燒殆盡。

5 燒完後回收灰燼，看是要讓灰燼隨風飄散，或者把灰燼撒在靈場。灰燼消失時，詛咒就會生效。

注意 燃燒後收拾及處理時要小心，也有可能會被誤認為是可疑人士或縱火犯而報警。

【毒物】 烏頭、顛茄等自然界可取得的毒物應該比較好。

【丑時】 凌晨一～三點。

【靈場】 指進行祭祀儀式、殯葬的場所。

埋鎮物

歷史

《宇治拾遺物語》的「御堂關白之御犬、晴明等奇特之事」篇中有寫到埋鎮物之事。藤原道長去參拜法成寺時，帶來的白犬擋住道路，不讓人前進。經過陰陽師——安倍晴明占卜，發現了那處地下埋藏著詛咒道長之物。咒物是兩個重疊起來的土器上綁著十字形的紙捻，位於內側的土器底部似乎還用辰砂寫著「咒」一個字。

準備用品

❖素燒的小型土器盤子……同款2個

【辰砂】水銀硫化物。在日本稱為朱砂、朱或丹，重用於紅色顏料中。

❖書寫用具（紅墨、硯台、毛筆等等）……1組
❖紅色和紙……1張左右

步驟順序

1 一邊想著情敵的樣子，一邊在其中一個土器盤子背面用紅墨畫他的肖像畫，等墨汁乾。
2 拿紅色和紙做成紙捻。
3 將步驟1的盤子疊在另一個盤子上，不要露出情敵的臉。
4 步驟2做好的紙捻，十字形綁住完成步驟3的土器。
5 完成步驟4的土器埋在位於自家東南方的樹木後方。

注意 埋土器的時候，洞挖數十公分比較好。如果咒物被挖出來會有反效果。

【紙捻】將紅色和紙切成寬兩公分左右的細長紙條，再斜著用手指轉動捲起，捏成細繩狀。

擊退情敵術 ▼▼▼ 擊潰情敵

大威德明王調伏法

歷史

名稱意為「打倒閻魔者」的大威德明王，也稱為降閻魔尊，以調伏靈驗的威力聞名。祂作為戰勝祈願的對象受人崇敬，傳說鎌倉時代蒙古來襲之際，朝廷一聲令下，在全國施行大威德明王調伏法。蒙古軍兩次的進攻都受到暴風雨阻攔，傷亡慘重而撤退。

準備用品

❖祭壇（蓋著白布的桌子）……1個
❖人偶（當作對方，用黑泥製成且已經乾燥）……1具
❖焚燒用的木頭與火種（火柴、蠟燭、報紙等）……1組

【調伏】指透過修行提升自我、減少障礙。

❖用獸骨做的樁釘（至少有18公分）……5根
❖和紙……5張
❖花朵……4朵
❖黑色三角形的板子……1塊
❖獸類糞便……適量
❖安息香……1塊
❖鐵鎚……1把

步驟順序

1 打掃房間，淋浴、清潔身體。

2 在房間南方設置祭壇，將和紙鋪在祭壇四角，上面各放著花朵。

3 在祭壇中央放著剩下的一張和紙，將三角形板子其中一角朝向南方，放在和紙上。

4 手結大獨鈷印，唱誦大威德明王真言「唵・瑟致唎・迦攞嚕跛・吽欠・娑嚩賀（oṃ ṣṭrīḥ kāla rūpa hūṃ khāṃ svāhā）」1萬遍。

【安息香】
安息香科的安息香樹樹液凝固後形成的物體，據說有讓人冷靜下來的效果。英語為「benzoin」。

【大獨鈷印】

5 將人偶臉朝上放在黑色三角形的板子上，在其腹部塗上獸類糞便。

6 用獸骨做的椿釘一根根依序刺進人偶：一邊唱誦大威德明王真言108遍一邊刺進人偶左肩↓一邊唱誦大威德明王真言108遍一邊刺進人偶右肩↓再一邊唱誦真言108遍一邊刺進人偶左小腿↓再一邊唱誦真言108遍一邊刺進人偶右小腿↓最後唱誦真言108遍一邊刺進人偶的心臟。

7 焚燒安息香，唱誦大威德明王真言1萬遍。

8 一邊唱誦「唵噁吽」(oṃ āḥ hūṃ)，一邊用鐵鎚把人偶打個粉碎，丟進火裡，這樣也許就會消滅情敵。

注意 這是產生咒殺目的的危險咒術，施行需要有相對應的覺悟。用火後的收拾及處分也要小心，本咒術的難度相當高。

【大威德明王真言】
也有傳說指在睡覺前唱誦此真言七次，就能消滅惡夢。

歸狐

歷史

談了戀愛，心心念念著對方，也過了段幸福的時光，然而卻因為某種理由或情況兩人變得疏遠，可是如今彼此間的關係還是跟以前一樣，這種故事很常聽到。甚至有人進展到肉體上的關係卻分開了，身心都還忘不掉對方，也遲遲無法進入下一段戀情。這時候似乎有人會用歸狐的咒術，讓戀情死灰復燃。據說此咒效果超絕，但也有人之後不再想使用第2次，接下來介紹歸狐給各位。

準備用品

❖和紙……1張

❖書寫用具（墨汁、硯台、毛筆等等）……1組
❖漿糊……適量
❖三層以上的抽屜或棚架……可用新品或使用中的

步驟順序

1. 在新月之日的丑時，面朝對方住家的方向，祈願與對方復合的同時，在和紙上寫下「狐」字。
2. 將步驟1的和紙用漿糊貼在從上方數來第三層的抽屜或棚架背後。
3. 之後如果有東西從抽屜或棚架中掉下來，過不久對方就會出現。

注意 有東西從貼著和紙的抽屜或棚架掉落，是與對方再會的訊號，但如果刻意弄掉東西，或者讓東西變得容易掉落，可能會無法正確接收訊號。一如往常地放置物品很重要。

【漿糊】 也能用碾碎飯粒做成的糊狀物。

【丑時】 指凌晨一～三點。丑時的「丑」字加上「糸」字邊，就成了「紐（繩、線）」，所以在丑時施行的咒術會變成拉近已結緣分的繫繩。

【狐】 「狐」有「來寢（日語きつね，音同狐）」的意思，表示對方再度出現、一起睡覺。

蛙針

歷史

青蛙唸起來跟「平安歸來」一樣，所以自古以來都當成祈求歸來的平安符。即使到了現代，也能發現很多拿來當幸運物的伴手禮等等。如果放進錢包，金錢就會回來，所以也有人拿來當成招財的幸運物。蛙針是江戶時代在吉原流行的青蛙咒術，歸因於不被允許自由戀愛的遊女們期盼與忘不了的情郎再度相會之咒，聽說青蛙的法力無窮。

準備用品

❖色紙（青蛙的綠色或對方喜歡的顏色等）……1張
❖書寫用具（墨汁、硯台、毛筆等等）……1組

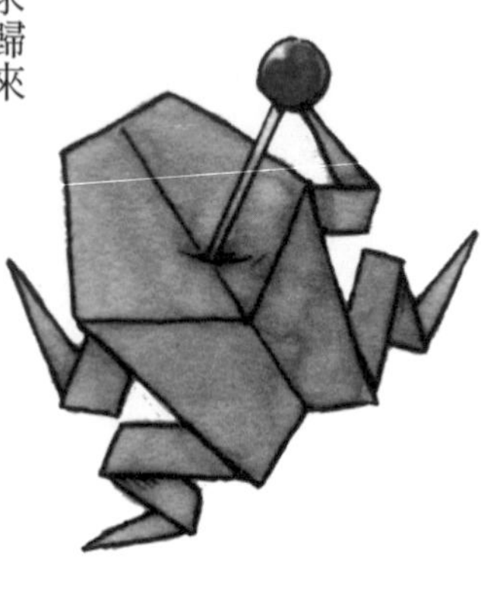

【青蛙】
青蛙會冬眠，到了春天，則會有如從黃泉之國回來一般甦醒，正可說是「復甦」的象徵，所以青蛙的力量能讓戀情復甦。

❖大頭針……1根
❖有蓋子的盒子（要能放進青蛙的大小，且材質能讓大頭針刺進去）……1個

步驟順序

1. 在色紙背面（沒有顏色的那面）中央寫上對方的姓名與年齡，等墨跡乾。
2. 用傳統摺紙法摺出一隻青蛙。一邊祈求與對方復合，一邊小心地摺出漂亮的成品。
3. 青蛙摺好後，唸誦「（對方的姓名），回到我身邊」，吹氣讓青蛙膨起來。
4. 將3的青蛙放進盒子中，為了不讓青蛙亂動，刺上大頭針，蓋上蓋子。盒子要原樣慎重收好，請小心別被任何人看到。

【傳統摺紙法】
市面上有販售能摺出青蛙的「傳統摺紙組」。

5

動彈不得的青蛙會呼喚那個心愛的人回來。如果願望實現了，拔掉大頭針，從盒子裡拿出青蛙放在水面（洗手台的水之類的）上之後，處理掉青蛙、大頭針以及盒子。

注意

針一定要用手工藝用的「大頭針」（まち針），因為這個針不是用來傷害心愛之人的，而是等待著心愛之人回到你身邊的「待針」（まち針）。

＊註：日文中等待為「待まち」，讀音同大頭針（まち針）。

死灰復燃術 ▼▼▼ 與放棄不了的對象復合

復合咒盒

歷史

在市井小民生活變得豐富的江戶時代，誕生了多種文化。歌舞伎等藝能活動盛行，享受恐懼的怪談也同樣流行，也因此留存了許多幽靈畫像下來。畫中是如此接近靈界，若能夠使用那股力量，是否就能化不可能為可能了呢？會這麼想是相當自然的。以花柳界為首的一些咒語及怪談廣泛流傳。復合咒盒正是收錄在明治時代末尾時所編著《花柳界咒語及怪談》中的一種民間咒術。

準備用品

◆祭壇（蓋著白布的桌子）……1個

❖書寫用具（紅墨、硯台與毛筆等等）……1組
❖有蓋子的木盒……1個
❖釘子……3根
❖鐵鎚……1把

步驟順序

1. 在友引日的早晨或傍晚進行。在半紙下半部寫上對方的名字，名字下方寫上年齡。
2. 在步驟1的半紙上半部用紅墨、楷書仔細寫下「玫瑰花即使有刺也裝作不知」。
3. 將完成步驟2的半紙小心折起來，讓寫了字的部分收在裡面，然後放進有蓋子的木盒。
4. 在完成步驟3的木盒上用鐵鎚釘釘子，確實封起來讓人無法打開。先在木盒的其中一邊中央釘第一根釘子。然後將釘了釘子

【友引】
友引日是「會呼朋引伴」的日子，很適合用來祈求吸引對方。友引日的正午時間帶是大凶，所以在被視為大吉的早晨或傍晚最適合製作咒盒。順帶一提，當天早晨與傍晚～夜間是吉，中午則是凶運。現代人在友引日則會避免喪葬，也不適合比賽分勝負。一個月約有三～四天左右的友引日。

的那邊放在自己面前，再從第一根釘子往左右兩邊的斜後方延伸，各釘上第二、第三根釘子。

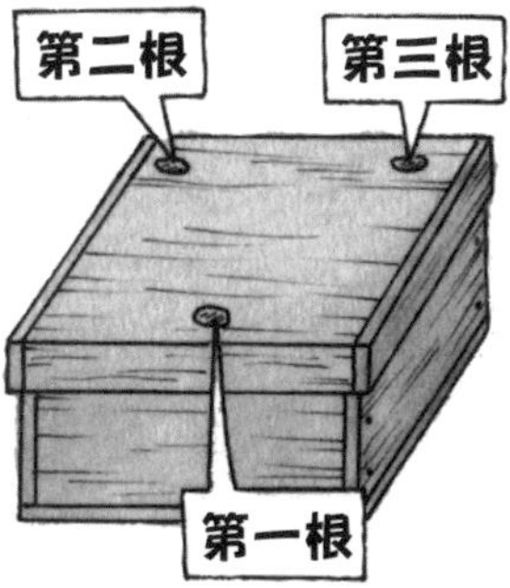

5 將步驟4的盒子藏在不會被看見的地方。如此一來，約一個月後至一年以內就會與意中人再會，說不定就能復合。

6 實現復合願望時，要趁著當天晚上處理掉盒子。不用清掉盒子上的灰塵髒污，也不用打開蓋子，直接放進河裡流走。

注意 如果有人打開蓋子，有可能失去效用，或者被別人發現。有同居人的話藏的地方要小心，就算是自己住，也必須注意不要被訪客翻到。

鬼子母神骷髏法

歷史

鬼子母神自己生下了五百個孩子，卻也會吃人類的小孩。在釋迦摩尼佛的引導下，她成了所有孩童的守護神。鬼子母神咒術之一的骷髏法，是擊退敵人的強力咒術，會替對方的家庭帶來災難，讓人陷入原因不明、幾近瘋狂的狀態。鬼子母神骷髏法可說是很適合因為外遇等煩惱之人的橫刀奪愛祕法。

準備用品

❖祭壇（蓋著白布的桌子）……1張
❖沉香……1塊
❖供品（花、水、點心等等）……適量
❖人類的骷髏頭（從墳場等處獲得）……1個

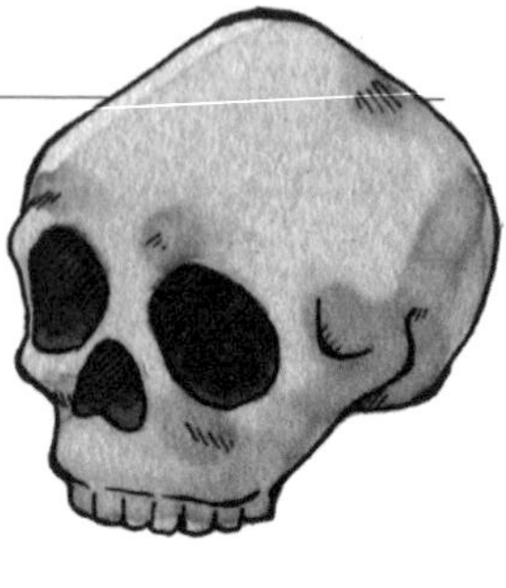

【骷髏】
好像生前越是狂暴執著的人，他的骷髏頭效果越好。據說如果因為想詛咒的對象已經受到懲罰而感到滿足了，撤回骷髏頭便能平息詛咒。

步驟順序

1. 施行鬼子母神成婚咒法（第45頁）的步驟1。默背鬼子母神陀羅尼，直到能流利地唸誦。
2. 默背好之後，打掃房間，淋浴清潔身體。
3. 設置祭壇，奉上供品之後，坐在祭壇前方，燃燒沉香，供奉骷髏頭。
4. 手結被甲之印，一邊融合對對方的念想，一邊唸誦鬼子母神陀羅尼108遍，加持骷髏頭。
5. 將步驟4的骷髏頭偷偷藏在想詛咒對象的家中。

注意 施行本咒術有可能因為破壞墳墓或入侵民宅等罪被逮捕，很危險。為了不被骷髏頭的災禍波及，施行完成後要對自己唸誦鬼子母神真言「唵弩弩麼里迦呬諦娑　賀（Om duh duh balika hariti svaha）」21遍，這是施咒的鐵則。

【被甲之印】

【加持】
揮動或用棍棒、枝條等敲打來祈禱。

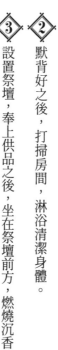

反閇

歷史

據說古中國夏朝的皇帝——禹，他施行的咒術性步行法「禹步」，跟著道教咒術一起傳至日本，後來被稱為「反閇」。反閇用於陰陽道或修驗道等，被視為宮中禮儀的神事施行。平安時代時繁盛的陰陽道以及日本傳統的鎮魂法術融合了反閇，從神樂到猿樂也都加入了此種步伐。反閇有三步、五步、九步等各種步法，以下將介紹其中能實現驅除災禍願望的「北斗七星反閇」。

準備用品

❖沒有需要特別準備的（要先調查好對方住家的方位）

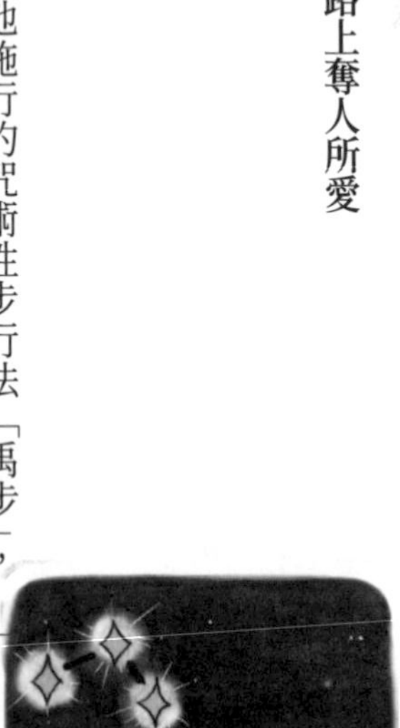

步驟順序

1 洗淨全身後，讓心情冷靜下來。朝著意中人住家的方向，呼喊意中人姓名3次，眨3次眼睛，深呼吸5次。情緒平穩後，按照2～9的步驟，一邊唸誦各星宿的真言，從北斗七星的貪狼星開始，一步一步踏著反閇的步法前往破軍星。

2 在1的位置雙腳併攏，右腳略略往前，這是第一步。右腳往前踏的時候要一邊唸誦貪狼星真言「唵・打朗滴・打朗滴・吽（on da ran di da ran di un）」。

3 第二步，一邊唸誦巨門星真言「唵・窟嘍打喇踏・吽（on ku ro da ra ta un）」，左腳滑步往2跨過右腳，踏地。

【星宿真言】
星宿真言，是隱含佛教真義的咒文。每位佛尊或星宿都有各自的真言。

4 第三步，一邊唸誦祿存星真言「唵·哈啦它伽·吽（on ha ra ta gya un）」，左腳再度往前滑出，落在3的位置。

5 第四步，一邊唸誦文曲星真言「唵·咿哩打喇踏·吽（on i ri da ra ta un）」，右腳從左腳後方滑過，落在4的位置。

6 第五步，一邊唸誦廉貞星真言「唵·斗喇踏尼·吽（on do ta ra ni un）」，右腳往右滑出，落在5的位置。

7 第六步，一邊唸誦武曲星真言「唵·伽偷嘍·吽（on gya to ro un）」，左腳從右腳後方滑步往側邊踏出，落在6的位置。

8 第七步，一邊唸誦破軍星真言「唵·八撒搭·康它·吽（on ba

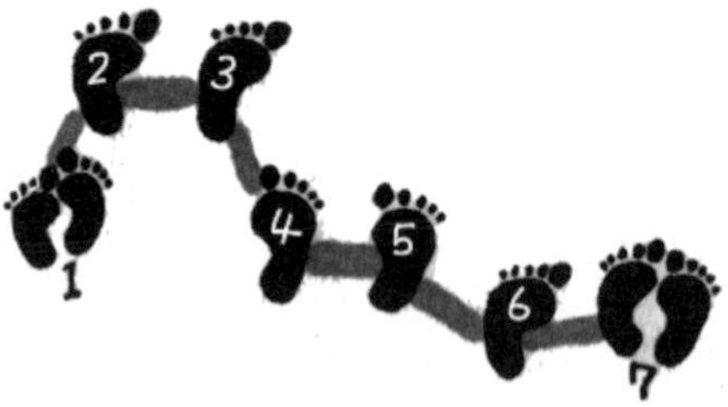

【反閇描繪的星宿】
反閇的七顆星是以中國古稱的北斗七星，各為貪狼星、巨門星、祿存星、文曲星、廉貞星、武曲星、破軍星。

sa da kan ta un）」，右腳滑步略為往前，落在7的位置。

⑨ 最後左腳滑步，在7落地時貼著右腳併攏。

⑩ 不停重複2～9，等到能不假思索地動作後，請在腦中不停想著想搶奪過來的對象進行反問。

注意 由於這是神事，請用嚴肅正經的態度進行。

愛歡咒符

歷史

覺悟以及妨礙覺悟的煩惱，這兩者無法從人類身上分離。然而煩惱會產生痛苦，而為了克服痛苦，心靈會邁向覺悟。據說煩惱即菩提的明王——愛染明王，會統合人們的愛慾與怨憎，引領人心通往覺悟之道，也會回應消弭嫉妒心、封印意中人的花心，並結下能開花結果關係之類的願望。接下來介紹流傳於修驗道，封印花心的咒術。

準備用品

❖和紙……2張
❖書寫用具（墨汁、硯台與毛筆等等）……1組

步驟順序

1. 將房間打掃乾淨，淋浴清洗身體，壓抑嫉妒心，讓自己冷靜下來。

2. 一邊持續唱誦愛染明王真言「唵・摩訶囉誐・嚩日囉瑟沙・嚩日囉薩怛嚩・惹吽・鑁斛（oṃ・ma hā ra ga・va jo ṣṇī ṣa・va jra sa tva・jjaḥ hūṃ・vaṃ hoḥ)」，一邊各在兩張和紙上仔細地照下方圖示寫好紙條。

3. 完成步驟2的紙條自己放一張在身上，一張給對象拿著，偷偷放對方身上應該也可以。這樣能封印住對方的花心。

注意 寫紙條時一定要集中精神，所以最好事先默背好真言。

【真言】 意為梵語的神咒，是佛教中的神聖咒語，直接以梵語唸法流傳下來。

懷紙盒

歷史

即使到了現代，在茶會等場合依舊會使用「懷紙」。如其字面所示，懷紙是放進懷中帶著走的紙張，其歷史可回溯到平安時代。平安時代貴族愛用的懷紙，到了江戶時代也普及至庶民生活，拿來擤個鼻子用完就丟。與男人共度春宵的遊廓遊女們，在陪睡後清理時也會使用懷紙，有的春宮圖也留下了使用過的懷紙散落一地的畫面。懷紙盒便是使用這種用過的懷紙，來封印花心的咒術。

準備用品

❖懷紙……1～2張

❖有蓋子的盒子……1個

❖與對方初次春宵後的精液……全部

步驟順序

1. 與喜歡的人共度春宵，機會只在第一次。
2. 射出精液時，用懷紙仔細地全部擦拭乾淨。
3. 偷偷將用過的懷紙收在盒子裡，不要被對方發現，蓋上蓋子就能封印花心。使用過的懷紙便是那男性的替身，而盒子則象徵女性的性器官，這是不讓懷紙放進別的盒子（不讓男性去找別的女性）的咒術。也傳說有將用過的懷紙藏在榻榻米下方，藉由踩踏榻榻米來削弱男性力量的方法。
4. 由於自己收藏好盒子，對方就不會與其他女性產生肉體關係。

注意　必須要兩人初夜時，清理、使用過的懷紙，所以拿到懷紙的機會只有一次。

【懷紙】
對折的和紙，日語唸法有「ふところがみ（futokorogami）」、「かいし（kaishi）」或「てがみ（tegami）」。和紙現代很常用於茶道等場合。

醋漬魷魚

歷史

在江戶時代京都或大阪的遊廓流傳著一種醋漬的詛咒。遊廓的遊女們即使有了喜歡的男性，只要對方不幫自己贖身，就只能繼續當遊女。所以一旦發現了重要的男性，為了不讓其他女性睡走，似乎會詛咒那個男性。當時的人相信「醋」有使牙齒或骨頭痠軟的效果，也因此被認為有助於妨礙男性勃起。醋漬魷魚是用醋漬使男人站不起來，封印花心的咒術。

準備用品

❖魷魚乾……1塊（也可用相同大小的昆布乾代替）

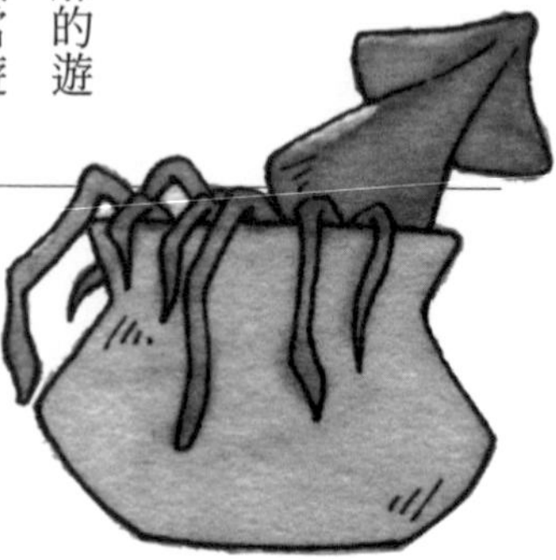

【魷魚】
之所以拿魷魚乾來當成男性的替身，是因為它的硬度吧。昆布乾也很硬，所以也能當替代品。無論哪種乾，泡了醋都會變軟。

❖醋……適量
❖有蓋子的壺（能浸泡魷魚乾大小）……1個
❖剪刀或小刀……1把
❖針或大頭針……1根
❖書寫用具（墨條、硯台、毛筆等等）……1組

步驟順序

1 淋浴清潔身體後，將魷魚乾裁剪出一個人形。

2 磨墨，在魷魚乾人形上寫著男方的姓名、年齡、干支年，之後用針刺在喜歡的地方。

3 醋倒入壺中，放進完成步驟2的

【干支年】指男方出生時的干支年，不過咒術中二月四日～隔年二月三日為一年，所以一月出生的人干支年算在前一年裡。
例如：二〇二〇年（子年）一月出生的干支年是亥年。

魷魚乾，蓋上蓋子。

4 完成步驟3後放在地板下方等陰暗處，等待男方來訪。

5 如果男方來了，在與男方說話之前，先把魷魚乾從醋裡拿出，拔掉針之後曬乾。藉由拔掉針，讓男方跟你在一起的時候身心不舒服的症狀消失、變得有精神。

6 與男方再見面，說過話之後，再將步驟5的魷魚乾曬得更乾，之後將完全曬乾的魷魚乾處理掉。

注意 這是藉由阻止男性勃起，來封印花心的咒術。在男方出現、與男方說話之前，必須將魷魚乾從醋裡取出、拔掉針並曬乾。如果偷懶，男方不僅會去找別的女生，也不會跟施咒者發生肉體關係，戀情就這麼毀了。

兩條河川離別法

歷史

大化元年到和銅三年平城京遷都這段時期稱為白鳳時代，以身為咒術者聞名的役小角（役行者）據說是山岳信仰的修驗道開山祖師，留下眾多傳說。役小角十七歲時在元興寺學習，投入山林修行後，走遍全國被稱為靈山的各座山峰，似乎藉此獲得了超人的法力與功力。之後追隨他腳步持續修行的行者們，咒力也經過不少考驗吧！本咒術是行者流傳下來，難度很高的離別法。

準備用品

❖火葬屍體時的煤灰……約1大匙

❖黏膠……約1大匙
❖從兩條不同河川取得的水（兩種河水）……適量
❖杉木做成的人偶……2具
❖書寫用具（代替硯台的小盤……2個、毛筆……2枝）
❖長尾雉的尾羽……1根
❖線……適量
❖裝在棉製束口袋中的五穀

步驟順序

1. 申日太陽下山後，洗淨全身，冷靜心緒。
2. 混合火葬屍體時的煤灰與黏膠，分成兩半，放在小盤子上。
3. 兩個完成步驟2的小盤子各加入不同河川的水，溶解成墨汁。
4. 完成步驟3做好的墨汁分成自己用、以及想分手的對方用的，

【黏膠】從動物的骨頭、皮、腸、肌腱等煮出的明膠、吉利丁。

【五穀】指稻米、麥子、小米、大豆、稷或紫穗稗等穀物。

【申日】用十二地支來表示年月日的方法。申日十二天會輪一次。

用各自的墨汁在兩具不同的木偶，各自寫上自己及對方的姓名。

5 將完成步驟4的人偶背對背（沒寫名字的那側為背面），中間夾著長尾雉的尾羽，祈禱兩人分離。

6 用線綁住步驟5的四個地方，跟裝在棉製束口袋中的五穀一起埋在十字路口。

7 隔天早上，朝著朝陽倒著唸誦般若心經7次。

8 最後唸誦妙見菩薩心咒「唵．蘇涅哩（二合）瑟吒．莎訶（om sudrsta svaha)」。

注意 般若心經可使用於與對方結緣的敬愛法，藉由反過來唸誦，締結的緣分會分開。請注意別用到平常的唸法。

【倒著唸般若心經】
般若心經請參閱實現戀情術的「河川連結敬愛法」第43頁處，要從最後面整個倒回去唸誦。
……菩提薩婆訶摩訶般若波羅蜜多心經
↓
經心多蜜羅波若般訶摩　訶婆薩提菩……

【妙見菩薩心咒】
這是將北極星或北斗七星神格化成星宿之神的真言。妙見菩薩被認為掌握著人類的命運。

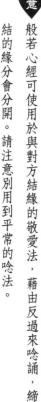

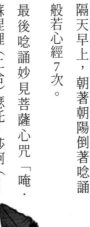

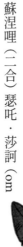

離別祭文

歷史

可稱為日本最古老法律的《大寶令》中，據說有所謂「七三不去」的十條規定，其中條列了讓男性占優勢的規定，從現代觀點來看則是侵犯女性人權，所以遭受世界各地的批評指責。結婚後，即使丈夫做了不講理的事情，妻子也不能自己提出分手離婚，所以只能逃進寺院，或者依賴詛咒。「離別祭文」是由奈良元興寺極樂坊的古文書流傳下來，別離用的祈禱文。

準備用品

❖白絹……7塊　❖睫穗蓼……1根

❖藍、紅、白、黑、黃、紫和綠色的紙……各1張

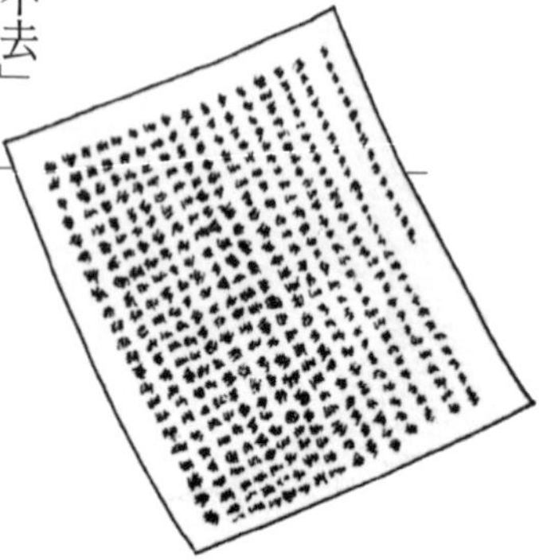

【睫穗蓼】

「蓼科」「春蓼

❖松木做的人偶……2具（一具是代表想離別的對方，一具是自己）

❖和紙（用來寫離別祭文的）……1張

❖書寫用具（墨汁、硯台、毛筆等等）……1組

❖放在白色盤子上的供品（水果、柴魚片、鹽、酒及米）……適量

步驟順序

1. 在申日進行，將進行儀式的房間整理乾淨後，沐浴清潔身心。
2. 將七塊白絹在房間中央排成U字形，上面各放著一張藍、紅、白、黑、黃、紫和綠色的紙，作為七位離別將軍的座位。
3. 在U字形正下方並排放著兩具木頭人偶。

屬」的一年生草本植物，會開紅紫色小花、長出果實，是路邊常見的野草之一。兩具人偶代表自己與對方，在背對背的人偶中間夾著散發臭味的睫穗蓼，表示離別的意思。

【申日】農曆的申日，每十二天會輪到一次。「申日」開始，代表惡緣「離開」的意思。

4 用毛筆將離別祭文寫在和紙上。

離別祭文

拜請離別將軍降臨。漢朝尋古風，鄭國循舊規，謹獻薄禮以祈恩求福。

原本扶幼憐賤者為良夫，赦過宥罪者為慈夫。然該夫之所行，不似先人。善心為其萬之一，兇惡為其千之萬。夫具邪心，妻失正道，於此欲棄夫且避之。

是以願東方青帝將軍速斷惡夫。願南方赤帝將軍速斷惡夫。願西方白帝將軍速斷惡夫。願北方黑帝將軍速斷惡夫。願中央黃帝將軍速斷惡夫。願上方紫帝將軍速斷惡夫。願下方綠帝將軍速斷惡夫。

願諸神磨神劍斷惡夫之道，顯神威阻惡夫之途。昔偕老為千秋共枕，萬春同穴。而今棄鴛鴦之契，斷比翼之志。雖於一宅合衿，同心

【離別祭文】
此祭文大意為「老實說，雖然以往我認真生活，但已無法與如此糟糕的男性一同正常過生活。請離別將軍借助一臂之力，將我們分開。」

親近成緣夫，然欲他鄉離別，二心疏遠成他人。若此祈請無應，則世無神靈。是以本次所望不知神明允否。敬啟。

西元〇年〇月〇日　自己的姓名

5 將步驟3的兩具人偶背對背，中間夾著睫穗蓼，立起人偶。

6 步驟1～5是離別祭的準備，準備好之後，等下個申日到來。

7 在申日開始離別祭，對著七位將軍鞠躬2次，並同時唸以下咒文拜請離別將軍降臨：

拜請離別將軍

此為住在（自己的地址）的（自己的姓名），於西元〇年〇月〇日（舉行儀式之日）沐浴齋戒後所設儀典祭祀祈願。

拜請東方離別青帝將軍
拜請南方離別赤帝將軍
拜請西方離別白帝將軍
拜請北方離別黑帝將軍
拜請中央離別黃帝將軍
拜請上方離別紫帝將軍
拜請下方離別綠帝將軍

⑧ 將放在白色盤子上的供品供奉給離別將軍們。供品請放在U字形的中央。

⑨ 鞠躬2次，唸誦離別祭文。

⑩ 最後鞠躬2次。

11 七天內持續進行7～10的步驟。不限於丈夫，對想分離的人全都有效。

注意

施行離別祭時，有必要按照步驟1～5做準備。準備好之後，從申日開始，連續7天每天進行離別祭文的儀式一次，因為這是供奉七位離別將軍的儀式。別忘了向離別將軍立誓祈願，必須認真進行才行。

蠱毒

歷史

蠱毒又有蠱道、蠱術及巫蠱等等稱呼，與使役犬隻的犬神、利用貓咪的貓鬼、利用蛇的土瓶等，並列為利用生物的殘忍咒術。在古代中國使用的蠱毒是收集了數百種蟲類或爬蟲類等，五月五日時放進同個壺中，讓牠們自相殘殺，再將最後存活下來者拿來使用，咒殺對手，是種利用殘存生物的怨念，或者讓施咒對象吃下該生物的詛咒。也有飼養有毒生物，再讓生物彼此互相殘殺的說法流傳下來。

準備用品

❖任何昆蟲、蜈蚣、蜥蜴、青蛙、蛇、蜘蛛等生物……大量

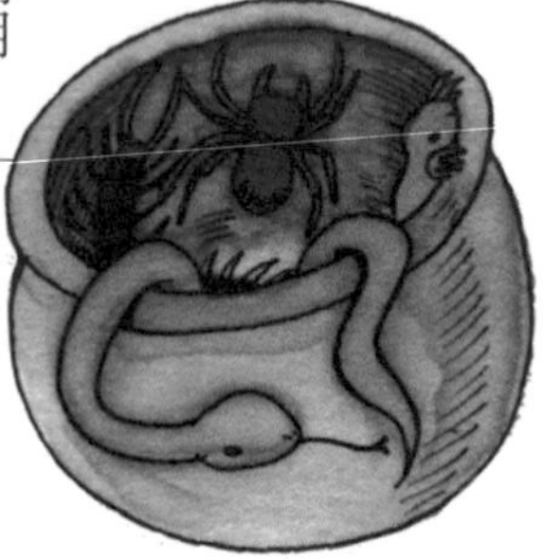

❖有蓋子的壺（能塞進生物的大小）

步驟順序

①將所有生物裝進壺中，蓋上蓋子。生物數量越多，詛咒力量越強。

②讓生物自相殘殺，等到最後剩下一隻。※因為裝進壺裡所以看不見情況，只能偷偷開個縫確認殘殺進展。此時裡面的生物有可能趁機逃跑，正因為使用的是生物才會有這類無法預測的意外，這也是讓人擔心之處。

③步驟2的殘殺順利結束，到剩下最後一隻生物存活的時候，就拿這隻生物去詛咒對方。

4 詛咒方法有下列兩種：

❶ 使用活生生的生物

詛咒方法是懷抱著復仇的念頭，一邊將生物關進竹筒等容器中。然後看是要埋在詛咒對象住家的玄關前面，或是將生物丟進他家裡。

❷ 殺了生物再使用

詛咒方法是殺死該生物，做成蠱毒的咒藥，再把咒藥撒在對方身上，或者讓他吃下去來復仇。

注意 用了生物的性命來詛咒，如果沒有成功，自己反而有可能受到這些生物的詛咒，這是種相當危險的詛咒。讓對方吃下毒蟲，或是將咒物藏在別人的領地、家中，也有可能被當成犯人逮捕。此外，生物們不曉得會不會這麼聽話自相殘殺。雖然流傳的作法是在壺裡放進大量的蟲子，但也可能在自相殘殺前就死了。

【咒藥】 一般會將生物乾燥後，用杵臼磨成粉狀。

復仇咒術 ▼▼▼ 向嫉妒的對手復仇

丑時參拜

歷史

丑時參拜，指的是丑時時，將當成憎恨對象的稻草人用釘子釘在神社的御神木上。公卿的女兒——橋姬嫉妒心深重，其故事記載於《太平記》及《平家物語》的劍之卷等處流傳了下來。那位橋姬到京都貴船神社參拜，祈求著「請讓我活生生變成鬼神吧」去咒殺對手女性時，大明神現身提點，後來她分成五束的頭髮當成五根角，雙頰塗朱（大紅色）、身上塗丹（橘紅色），反戴鐵環在頭上，口中啣著火炬，變成了鬼。

準備用品

❖稻草人……1具

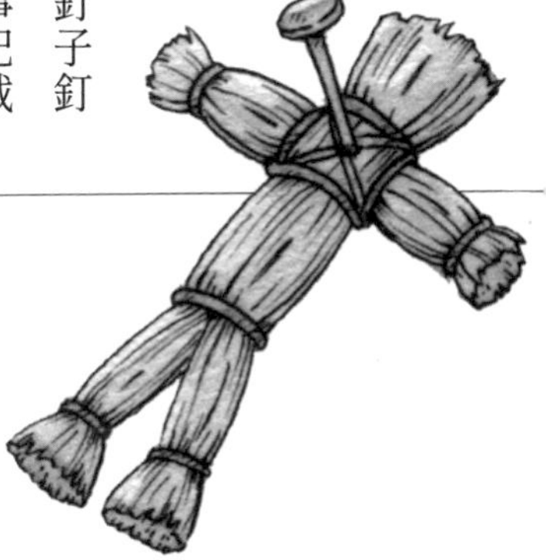

【丹】辰砂、硃砂，也就是硫化汞礦物，呈紅色。

◆白色服裝……1套

◆神鏡……1個

◆五寸釘（必須是特地製造給咒術用的）……7根

◆鐵鎚……1把

◆鐵環（鍋架也可）……1個

◆蠟燭……3根

◆梳子……1把

◆高齒木屐（一齒或三齒）……1雙

步驟順序

1. 準備想詛咒對象的毛髮或指甲放入稻草人中。
2. 洗淨全身後換上整套白色服裝，將神鏡插在身上。
3. 將鐵環（鍋架）倒過來，插上3根點了火的蠟燭再戴在頭上，嘴巴咬著梳子。

【丑時】指凌晨一點~三點的時候。丑時參拜最好在凌晨一點開始施行吧。此外，也有人稱丑時參拜為丑三參拜，指應對凌晨兩點~兩點三十分的丑三時。

【神鏡】神聖的鏡子，可在專門店買到。

【鍋架】放在瓦斯爐口，上面放鍋子煮東西的

4 在丑時穿上高齒木屐，拿著稻草人、五寸釘、鐵鎚，走向神社的御神木。

5 將稻草人壓在御神木上，一邊在心臟的位置釘進一根五寸釘，一邊許願。稻草人就這麼釘在御神木上。

6 之後每天丑時進行步驟2～5的順序，連續七天，最後一天時會用光所有五寸釘。如果被別人看到，或者中間空了一天沒進行，就要全部從頭來。

7 最後一天的第七天回家途中如果出現黑牛，跨過去就結束了。

注意 無論在路上或儀式中都不能被別人看見，如果有人看到，據說會沒效。

【如果被別人看到】有可能被當成可疑人物報警。施咒的行為也算是破壞神社物品，可能會因為毀損物品罪被逮捕。

生計繁盛法

歷史

飛鳥時代的天武天皇設置了陰陽寮作為行政機關。眾多小說或電影中都提到了陰陽師・安倍晴明的活躍，例如觀測天象作成曆法、透過占卜知吉凶、施行方術或咒術避災禍等等，留下了數不盡的故事。陰陽道是以古代中國的陰陽五行說為基礎，結合《易經》與道教等，在日本有了獨特的發展。以下將介紹陰陽道流傳下來的眾多咒術中，能讓生計繁盛的咒語。

準備用品

❖無需特別準備

【陰陽寮】
陰陽寮在明治三年（西元一八七〇年）時廢止了。

步驟順序

1. 早上起床後，洗臉漱口。
2. 膜拜朝陽。如果因為天氣不好等原因看不到朝陽，面朝日出的方向，想像太陽升起的樣子。
3. 朝著步驟2的方向，唸誦下列咒文8次：

「呼喚金伯五金之氣，做為全家支柱。百幸千福，聚集於甲〇〇家之金錢，祈求五方化德、大皓金神，駐足於兆家〇〇家。奇一天心，奇增萬全」

〇〇填入姓氏。

4. 不管天候之類有什麼情況，每天早上進行1～3步驟，會變得不用煩惱金錢。

注意 要在開始日出到太陽上升的時間帶進行。日出的時間每天都會變化，也會隨地點而異，要事先確認當天自己所在地的日出時間及方位喔！

【五金】
指錫／鉛（青金）、銅（赤金）、金（黃金）、銀（白金）、鐵（黑金）五種金屬。

【五方】
指東、南、中央、西、北五個方位。

祕密陀羅尼成就法

歷史

根據《摩醯首羅大自在天王神通化生伎藝天女念誦法》這部經典，伎藝天從摩醯首羅天（印度的濕婆神）的髮際生出，據說是個擁有絕世美貌的天女。伎藝天容姿端麗且技藝精妙，具備了眾多任誰都會羨慕的要素，祂會保佑人技藝通達、財運亨通及福德圓滿，眾多祕法流傳下來，是位萬能的天女。以下將介紹伎藝天流傳下來的祕密陀羅尼成就法。

準備用品

❖祭壇（蓋著白布的桌子）……1個

❖供品（花、水及點心等等）……適量

❖沉香……1塊

步驟順序

1 在新月之日打掃房間，淋浴清潔身體。

2 在房間東側設置祭壇、裝飾花朵，並奉上供品。

3 燃燒沉香，靜下心，在祭壇前唸誦伎藝天陀羅尼1萬或10萬遍：「曩謨・榲支摩貌施佉地尾鉢羅・鉢地野・試迦囉者嚕啉・怛儞野・他濕嚩・惹底隸吠囉摩惹哩儞・吽發吒・娑嚩賀（namaḥ uncimagiskha divipra pradya śkarajalolin tadyathā śvara terevera manyālidi hūṃ phaṭ svāhā）」。施行17或27天。

4 如果成功施行，往後的生活都無需擔心。

注意 修伎藝天之法要禁慾，施行祕密陀羅尼成就法的期間不能喝酒、不能吃肉，要斷絕肉慾，動作謹慎，也不能想有關性愛的事情。

【沉香】 瑞香科常綠樹的樹液。

【一萬遍或十萬遍】 唱誦龐大次數陀羅尼、真言、經文等修法方式，可見於任何儀式或咒術中。即使單純聽到伴隨年末除夕夜鐘聲響起時的誦經聲，心裡也會感到平靜、透徹，意識就跟著逐漸改變。除夕夜的一百零八響鐘聲代表煩惱的數目，說不定是想唱誦經文一百零八。

永劫安泰人柱

歷史

曾經有時代在進行築城或蓋橋等困難的工程，或有權者葬禮時會立人柱。江戶時代中期編纂的《和漢三才圖會》中，留下了在飛鳥時代架設的長柄橋處埋了人柱的紀錄。當時的人相信藉由立人柱，能確實地蓋好地基，讓建築物持續到永遠。這是經過活埋生人時代所誕生的咒術，後來用埋埴輪的方法來代替活人。

準備用品

❖人形埴輪（親手製作或市面販售的皆可）……1具

❖日幣五圓銅板……1枚

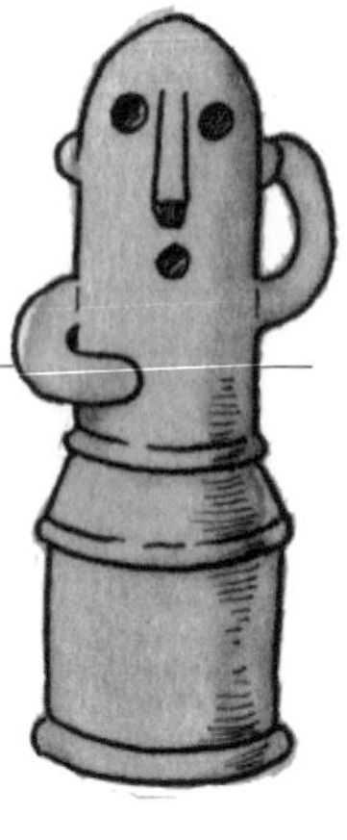

【人柱】
以神道為首的多神教中，神明是以一柱、兩柱來計算。用此數量詞「柱」，是認為為了守護許多人而犧牲的魂魄接近神的存在，因此用「人柱」來表示。從關東大地震中毀損的皇居中發現了16具人柱，其頭部好像裝了用來開洞的零錢。

❖線……視需要
❖香或線香……1根

步驟順序

① 用流水清洗過五圓銅板，看是要放進埴輪中，或者穿條線掛起來。
② 在埴輪旁邊點香，任何香味皆可。
③ 藉由埴輪封印所有災禍，祈求未來永遠安泰。實現願望不用說，本咒術也能封印懷有復仇之意的災難。
④ 將埴輪埋在家中某處，或者安置在別人看不到的地方。

注意 埴輪是人命的替代品，埋藏的時候要用心。如果是手工做的埴輪，當人柱的力量也會更強大。

【人形埴輪】 埴輪不只有人的形狀，也有壺狀或武器的形狀等等。

御嶽祈禱法

歷史

木曾御嶽山自古以來就是人們信仰的對象，據說橫跨長野縣木曾郡與岐阜縣下呂市縣境的御嶽山，開山是在七世紀初的時候。傳說信濃國司在山頂建立神社，後白河法皇讓敕使去登山。從室町時代起，修驗道的修行者進行信仰登山便很常見，普寬、覺明、一心以及一山等修行者都藉此修習神法。以下將從眾多流傳下來的祕傳或祕法中，介紹實現願望的咒術。

準備用品

❖潔淨的水……適量

❖紅淡比的葉子……7片
❖乾淨的布巾或毛巾……1條
❖書寫用具（墨汁、硯台、毛筆等等）……1組
❖杯子等（能讓紅淡比葉子浮起來的程度）……1個

步驟順序

1. 在新月之日洗淨全身後，讓情緒冷靜下來。
2. 清洗7片紅淡比的葉子，用乾淨的布巾或毛巾仔細擦乾上面的水分。
3. 在每片擦乾的葉子上畫上下圖的符咒。
4. 在每片完成步驟3的紅淡比葉子符咒下方，各自寫上七柱神的七符字「魁𩲡𩴆𩴾魐魓魒」，一片葉子一個字。七符字是北斗七星的名字。

【紅淡比】
前端變尖的形狀被視為神明降臨的象徵，紅淡比的枝葉會供奉在神龕、裝飾在神社神頭等處，是神道與神事不可或缺的植物。據說紅淡比因此被賦予了「尊崇神明」的花語。此外，紅淡比也被視為表示人神兩界境界的樹木，從「境木」（日語さかき）演變出「榊」（日語發音同樣是さかき）的名稱。

5 雙手合掌，其中夾著寫「魁」字的葉片，雙手抬到額頭前方，一邊唸著願望，一邊唱誦神歌「千早振，御嶽乃山波，遠久止毛，仰具心仁，神造麻志麻須（ちはやぶる　みたけのやまは　とおくとも　あおぐこころに　かみぞまします。）」。

6 按照北斗七星名字依序進行5的步驟。7片葉子的儀式都進行完，代表今日份的咒術結束。

7 從隔天起的7天，每天都要按照北斗七星名稱的順序，將唱誦完神歌的葉子一片片放進裝了乾淨的水的杯子中，讓葉子浮起來，再把水喝乾。

8 7的步驟也完成後，將7片葉子放進枕頭壓著睡。

注意 如果搞錯順序就要重來。如果願望實現了，一定要把紅淡比的葉子拿去請神社燒掉。

【七柱神的七符字】

九字真言

歷史

九字真言是道教經典《抱朴子》所流傳，道士入山時應該唱誦的咒文，《抱朴子》中記載的是「臨兵鬥者皆陣列前行」。密教、修驗道以及陰陽道等融合了修法且作為護身法之一的九字真言，九字真言便成了碎裂壞東西的咒術，既能護身也能調伏，是種全能的比畫九字法，分為一邊唱誦著「臨兵鬥者皆陣列在前」一邊結手印的方法，以及在空中比劃的劍印法，以下將介紹劍印法。

準備用品

❖無需特別準備

劍印

步驟順序

1. 左手輕輕握著，手背朝外，放在腰部的位置，這是劍印的鞘。
2. 右手比拳頭，筆直伸出食指及中指，放在胸前，這是用來比劃九字的劍印。
3. 將步驟2的劍印收進步驟1的鞘中，調整呼吸，專注精神。
4. 一邊想著要反彈詛咒的對象，一邊拔出劍印到眼前。
5. 唸誦「臨」時，以劍印橫切。
6. 唸誦「兵」時，以劍印縱切。
7. 唸誦「鬥」時，以劍印橫切。
8. 唸誦「者」時，以劍印縱切……依此類推，「皆」橫切、「陣」

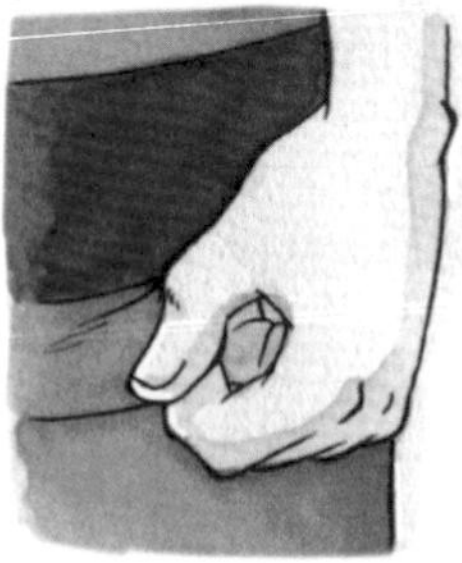

【臨兵鬥者皆陣列在前】

這九個字的意思是「降臨的神兵、戰鬥者，全部在面前排列陣型」，每個字都有神佛的庇佑。九字真言本來是驅逐邪氣、保護自己的護身術，不過後來變成應用在敵人身上，利用蓄積的負面力量打敗對方的方法。

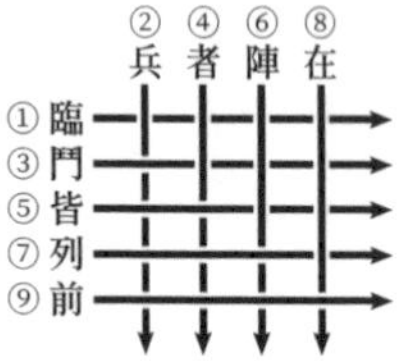

縱切、「列」橫切、「在」縱切、「前」橫切，一個字一個字反覆。

⑨ 最後一邊大喊「喝！」，劍印一邊往前刺給予對方最後一擊，再將劍印收進劍鞘。

⑩ 藉由九字真言的效果讓事情告一段落時，或者差不多該結束時，以劍印收進鞘中的姿勢，一口氣唸完「唵・泣哩泣啦・哈啦哈啦・呼他啷・巴搜士・搜挖咖（om・kirikyara・harahara・futaran・basotu・sowaka)」3次，最後打個響指。

注意 九字劍印反彈詛咒的效果很驚人，據說詛咒被反彈的對象會受到比自己施加的詛咒還要嚴重的打擊，甚至倒下。九字真言很耗費精力，使用時請選擇自己身體狀況好的時候。

十種神寶布瑠之言

歷史

天津神授予了據說是物部氏祖先的饒速日命神法及十種神寶（沖津鏡、邊津鏡、八握劍、生玉、足玉、死反玉、道反玉、蛇比禮、蜂比禮及品品物比禮），而喚醒這些寶物力量的正是「布瑠之言」。記錄了許多物部氏事蹟的《先代舊事本記》雖然留存了下來，但是時至今日，古代日本依舊謎團重重。以下將介紹神明傳授的咒語——「布瑠之言」。

準備用品

❖無需特別準備

【比禮】古代日本女性披在雙肩上的布料。

步驟順序

1. 漱口，打開窗戶。
2. 發出聲音，仔細地唸誦「一二三四五六七八九十，布留部　由良由良止　布留部。」(hito futa mi yo itsu mu nana ya kokono tari，furube yurayurato furube)
3. 晃動身體，想像心中的不安或災難全都消失平息，不停唸誦布瑠之言直到情緒冷靜下來。冷靜下來的時候，就是魂魄穩定的時候。
4. 接著繼續唸誦布瑠之言，感受力量湧出。結束後關上窗戶。

注意

言靈之力很重要，請一字一句仔細唸出來。不僅是別人的詛咒，連自己發散的負面能量也會消失。透過自我淨化會湧現更強大的力量，獲得避開壞事的能力。

【布瑠之言】唱誦「布瑠之言」，據說連死者都能復生。據說也有「ひふみよいむなやこのたり、ふるべゆらゆらとふるべ」的唸法。

封印花心的真實案例

西元一九三六年發生了震撼日本的「阿部定事件」。阿部定這位女服務生在性交中勒死了對象，切下他的陰莖陰囊說「這樣別的女人就摸不到他了」，之後一口氣喝乾啤酒，睡在屍體旁邊，還將對方乾掉的舌頭舔濕、幫他滋潤等等。屍體下鋪著的床單寫著血書「定吉兩人廝守」，屍體左手上刻了個「定」字，而阿部定似乎帶著男方身體的部分逃走了。

被殺害的吉藏已婚，而阿部定是吉藏的情婦，兩人搞外遇。媒體大肆報導了這個駭人聽聞的案件，許多作家以此寫出故事，甚至由大島渚導演執導，拍成電影《感官世界（愛のコリーダ）》上映。

如果你驚嘆居然有這種事件，那可就大錯特錯。在阿部定事件發生更早之前，就發生過類似的事件，其中包含了還沒到殺人程度的事件，而之後切掉陰莖的事件也時有所聞。這說不定是本書中介紹過封印花心的「醋漬魷魚」，在現實世界中發展而成的事件。

因為愛蘊含著咒力，會產生驚人的力量。

第四章

符咒大全

符咒的作法

符咒是也能稱為護符、靈符等的紙片，會拿來用作預防災禍的護身符，或者祈求願望實現。符咒是用來實現心願的，要一邊具體想像著想實現的未來，一邊寫下咒文。書寫、擁有符咒也是種咒術，無論是書寫還是擁有，都不能讓別人知道。帶著走的情況也是，請下功夫別讓別人發現符咒。

書寫用具

基本上會用到毛筆、墨條、硯台、水和紙，視情況需求也會另外準備紅墨專用的墨條（汁）、毛筆與硯台。咒術專用的書寫用具原則上要準備新品。

這些是價格範圍很廣的用具，負擔得起的話，希望盡量選用高價品。話雖如此，但如果都不拿出來使用就沒有意義了，所以選擇目前自己負擔得起、容易書寫，以及能買到新品者為佳。

❖毛筆

毛筆的粗細會隨著要寫的符咒而改變。使用黑與紅兩種顏色時，需要兩枝筆分開。

❖墨條與硯台

有的符咒只會用黑色寫，有的符咒會用到黑紅兩色。分兩種顏色寫的時候，硯台也必須分為兩個使用。

書寫符咒的墨，以製做方式最古老的「松煙墨」為佳。硯台則選擇石頭紋路細緻的。

❖水

溶解墨條的水，只要咒術沒有特別規定，拿飲用水來用也沒問題。如果是用自來水，要在日出前的早上裝好。

❖紙

使用生漉和紙或者半紙。如果有特別規定，請照規定來。

符咒的寫法

符咒是神聖之物。必須用清靜的身心、帶著誠意書寫，所以必須事先準備好。如果事前沒有準備，有可能符咒效果減弱，也可能招來反效果。

❖書寫符咒的吉日與時間

選六十干支的吉日來寫吧，指壬子、壬寅、癸酉、癸卯、丙午、丙辰、丁酉、戊子、戊辰、戊申及戊午這幾天。

時間從凌晨兩點到三點半最合適，不過日出前的時間都可以。

如果有指定的日期與時間，就遵照指示。

❖花上一星期做事前準備

最晚從前一天或三天前起進行下列三步驟，反覆齋戒沐浴。書寫重要的符咒時，則必須要從二十一天前就開始潔淨身心。

❶不吃韭菜、蒜頭等氣味重的食物或辛香料、肉類（包含魚類）。

❷每天仔細地清洗全身、淋浴，也能在泡澡水中加鹽去泡。洗淨後務必穿上剛洗好的乾淨衣物。

❸不觸犯禁忌。不說別人壞話、不做壞事、避開任何類型被認為「不好」、不乾淨的禁區或場所，要行善。

❖清潔書寫的場地

整理、打掃房間，像在大掃除一般，連擦拭都要很用心。請確實讓房間通風。

❖焚香，冷靜情緒

焚香，無論白檀、沉香、安息香哪種都可以。閉上雙眼，聞著香氣冷靜情緒後，再開始書寫符咒。

❖誠心誠意、正確地書寫

即使只有錯一個小地方，符咒也不會出現效果。與其練到很會寫，不如以寫得正確為目標。

心誠則靈，請不懷疑符咒、帶著誠心誠意用心書寫。

❖符咒的大小

會隨著使用方式改變。如果要貼起來就寫大，要隨身攜帶的話就寫小一點，比較好拿。

❖符咒開光

如果是將寫好的符咒照相寄給別人、掃描等複製的情況，該符咒必須要開光。

開始使用符咒時，請先進行開光儀式。

洗手漱口後，雙手合掌將符咒（使用的手機等器材）夾在中間。手舉高到眼前，唸誦「承天地之正氣，福壽海無量」，意識專注在符咒上。請持續唸誦到認為足夠為止。

對待符咒的方法

符咒是很神聖的，需慎重對待。

❖潔淨包法

如果要隨身攜帶符咒，先用紙將符咒包起來，或者放進信封中，盡量不要讓符咒髒污或毀損，折到沒有關係。也有種包裝法叫作「潔淨包法」。為了避免弄髒，先拿沒使用過的和紙包起符咒。貼在屋內時也是，先用紙包好，然後貼在比視線高的位置，延續崇敬的心意。

❖不讓別人看到

符咒不能讓別人看到，也不能跟別人說自己有用符咒，因為符咒會失效，或者有招來不好副作用的風險。

❖使用智慧型手機等情況下

如果將符咒讀取至攜帶方便的智慧型手機中，會非常方便吧。當成待機畫面也是個方法，但是仍舊不能被別人看到，要下點功夫喔。

❖處分符咒

符咒出現效果、願望實現、破損髒污、書寫失敗時、不需要了的時候，要處分掉符咒。

處分的方法不是隨便丟掉，而是要用火燒掉，將灰燼放進乾淨的河流隨水流走，或是撒在庭院或陽台等處。此外，也能拿去參加神社的焚燒儀式燒掉。

下頁起將介紹各種符咒，請遵從符咒的作法來使用。

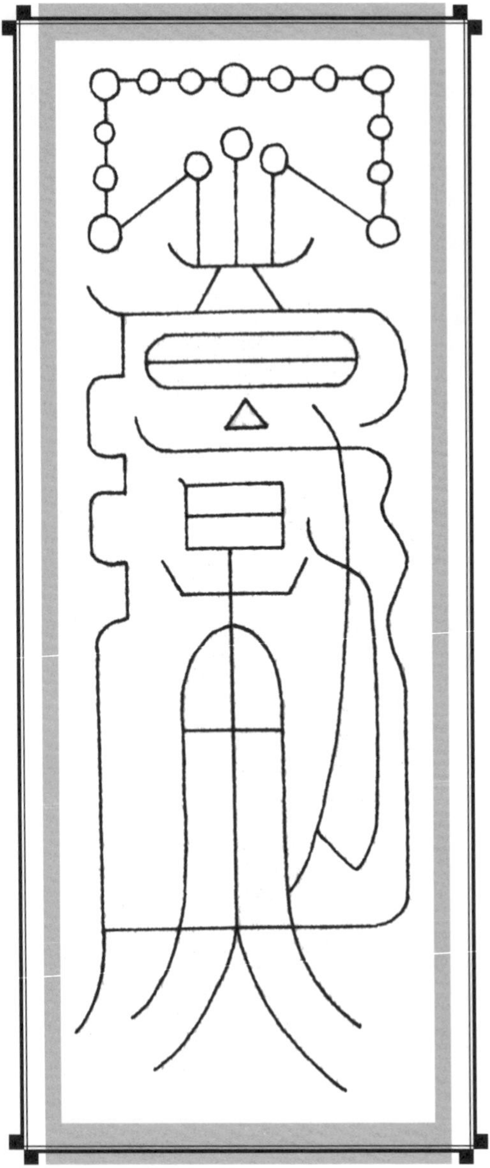

大願成就符

能實現偌大願望

用紅墨在符咒空位處盡可能詳細寫上姓名、出生年月日、願望內容。每張符咒限一個願望。

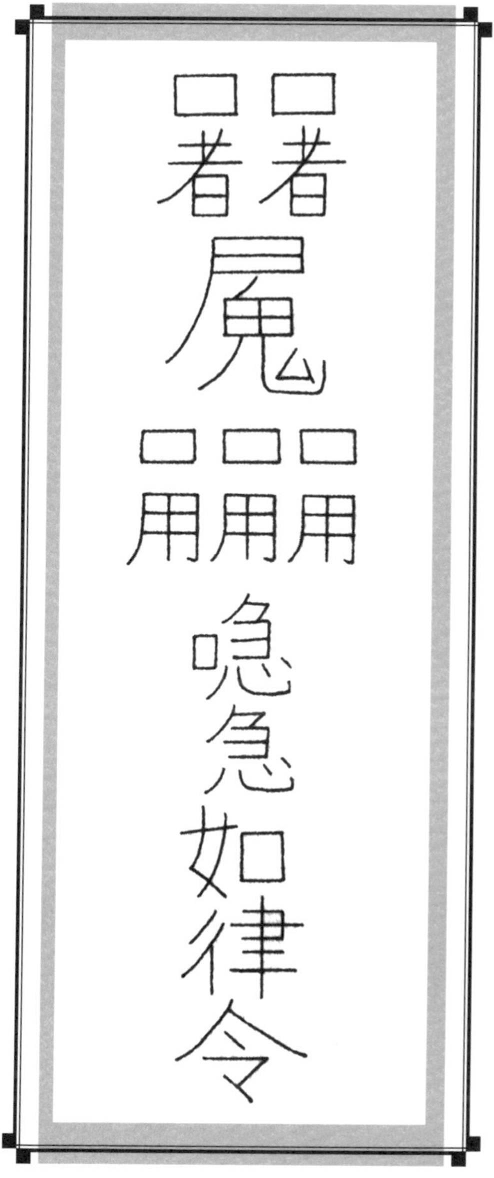

良緣符

將美好緣分吸引過來

戀愛與結婚不用說，本符咒對其他人際關係疏遠者也有效。據說由女性來使用效果更佳。

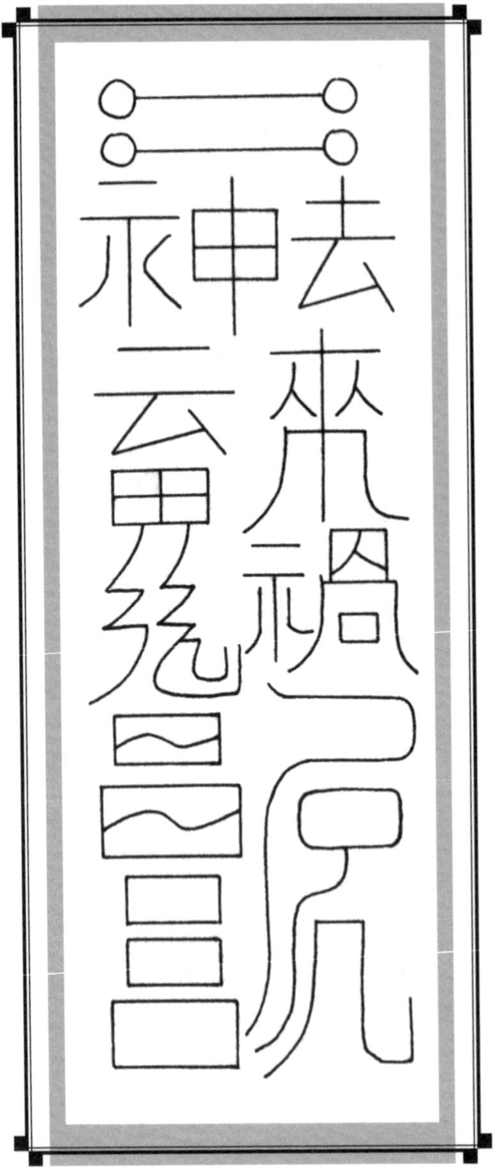

禳災厄符

祓除災厄

不只地震、風雨災害、野火等天災，超越人類智慧的其他災禍也能祓除、除魔的符咒。「禳」是消除災禍的意思。

諸難除符

有效閃避麻煩

能閃避、去除所有降臨在自身上災難的符咒。據說迴避日常生活中容易發生的大小麻煩尤其有效。

解虵章

能驅趕蟲類或蛇類

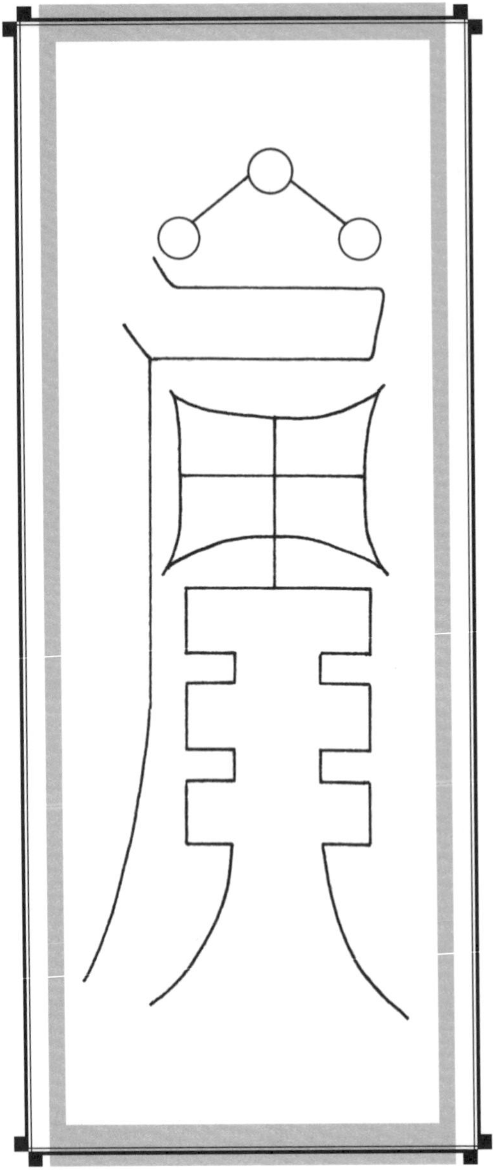

虵指的是蛇類，但本符咒不僅能驅蛇，對蟲類也有效。如果要趕蟑螂請貼在廚房，要驅除白蟻或蜜蜂請貼在地板下或房屋下方。

面相祕法咒符

讓面相變好

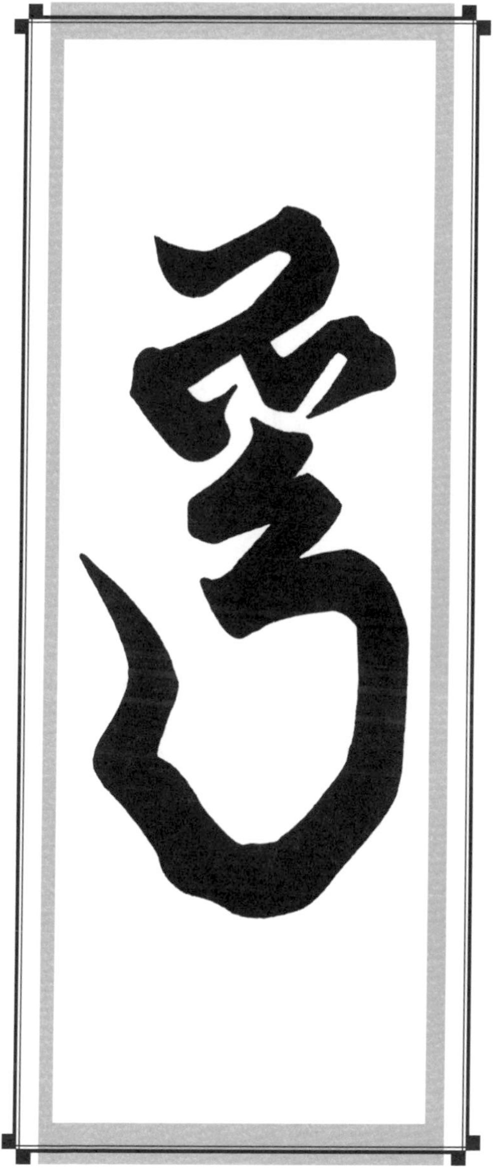

不是指美醜，而是讓別人對那張臉的印象變好的符咒。受到別人喜愛，命運便會好轉。將符紙蓋在臉上，唸誦「唵・惹那・娑婆訶」(om jyana svaha) 81次。

除頭痛失眠咒符

消除頭痛

除了頭痛，也能治療失眠、手腳冰冷的符咒，睡覺時將符咒帶在身上。每天少量使用符咒即可，要吃醃梅子。梅子有除魔的作用。

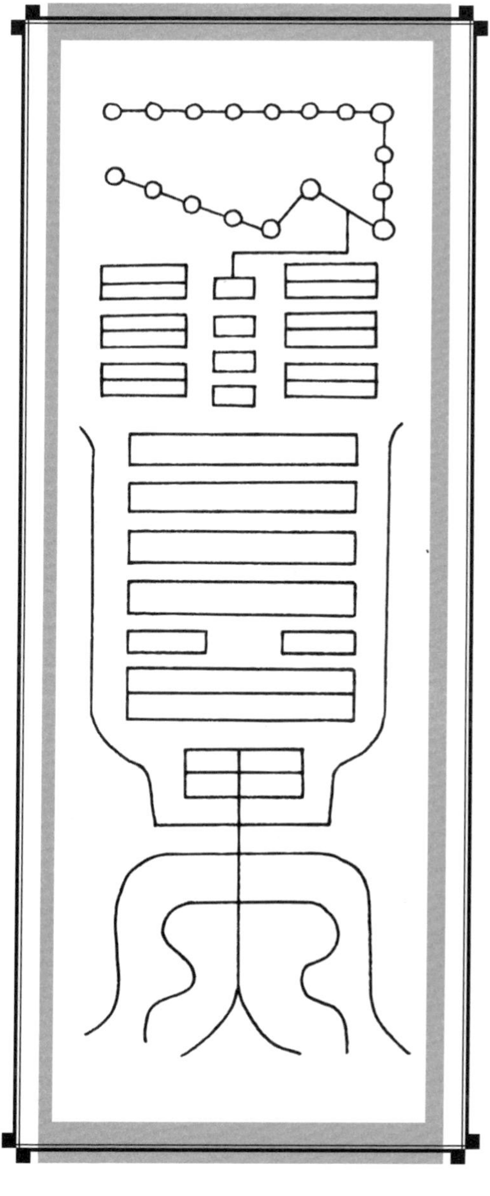

活到120歲
壽命延長御祕符

據說人類肉體生存的極限是一百二十歲，本符咒能延長壽命到此極限，而且也能祈求家運繁盛。

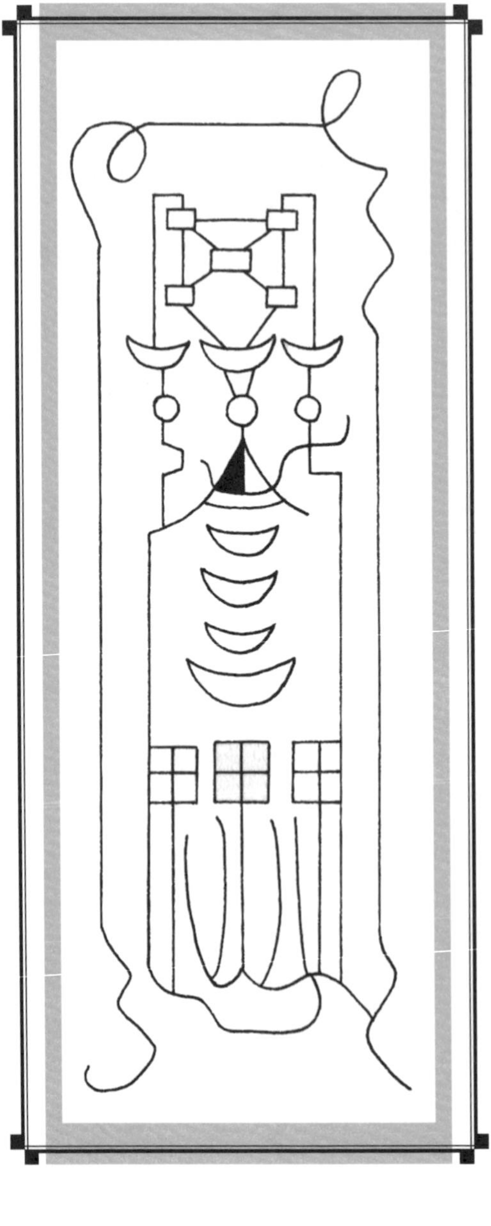

獲得期望的金錢

招財獲福祕密御祕符

據說只要在符咒的空位寫上想要的金額，就能如願獲得同數量的錢財。要用紅墨寫在黃紙上。

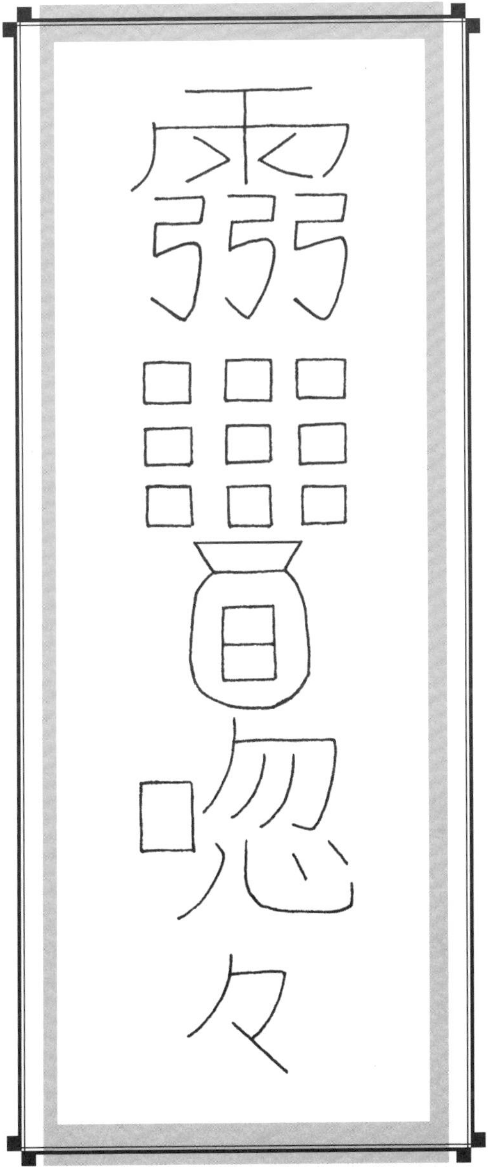

賭博會贏！

賭事必勝御祕符

在競馬、競輪、競艇等公營賭場，或是有賭博要素的工作中必勝的符咒。對抽獎彩券也有效果，買彩券時務必攜帶。

反彈承受的咒術

詛咒返咒符

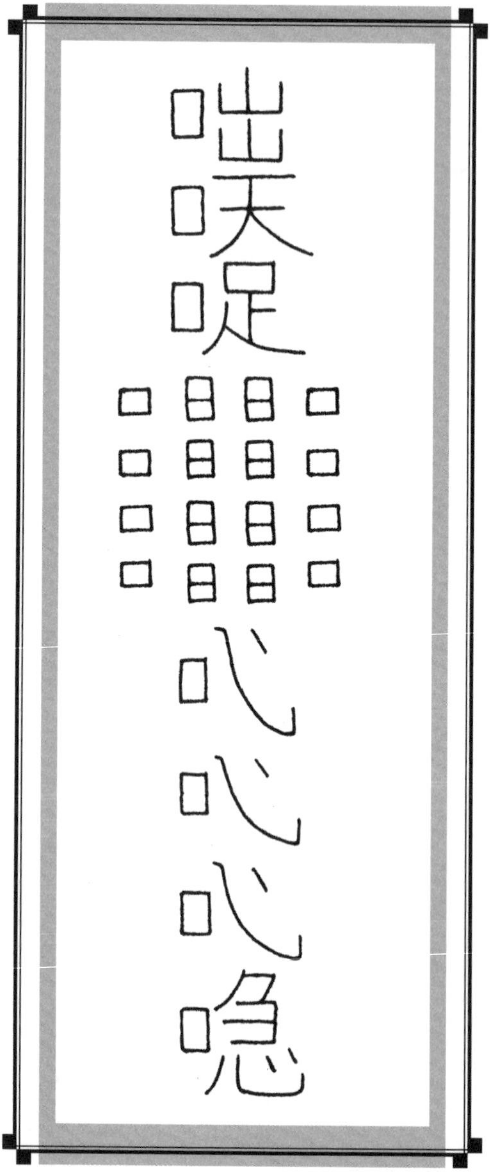

被某人詛咒時，將此符咒浸在水中再把水喝光，就不會輸給詛咒，甚至能反彈回去。

萬能的符咒

五岳真形圖

非常靈驗有效，能實現願望、消災解厄等，適用任何情況的萬能符咒。要用紅墨在白紙上畫五個圖。

感冒與詛咒

有說法指出，繩文時代的土偶是用於咒術的替身。從眾多土偶受到破壞的情況來看，可知有可能是負責轉移壞事用的替代品，比方說有右手在痛，就破壞土偶的右手，將疼痛轉移到土偶身上這種想法。藉由轉移疼痛，將患者從疼痛中解放，算是治療疾病用的咒術吧。此處筆者想到某個從前流傳下來的迷信：

「如果得了感冒，傳染給別人後自己很快就好了」你還記不記得小時候有聽過這種迷信呢？同樣的，也有「被別人傳染了感冒會更嚴重」的說法。實際上有人傳染給別人、自己變得輕鬆，或者被別人傳染了感冒變得嚴重的經驗吧。

雖然醫學上這完全是謠言，然而這種迷信會煞有介事地代代相傳，也是因為希望疾病能痊癒的關係吧？這種迷信的背景，說不定存在著藉由疾病轉移到相當於自我的替身上，來除去自己身上邪氣疾病，如此化為替代品的觀念。

第五章

咒術祓除法

中了咒術!?還是受到靈體或怨念的影響?
〈指相識別之祕法〉

首先要調查是否中了咒術、受到哪種靈體或怨念的影響，否則無法適當地應對。調查原因的祕法用的是流傳於日蓮宗《指相識別之大事》中的指相識別之祕法。這是歷史悠久的祕法，請勿帶著戲謔的心態施行。

準備用品

❖潔淨的白色服裝

步驟順序

① 洗淨全身，穿上潔淨的白色服裝。

② 面對左手內側，在手腕下方用手指縱向書寫「鬼子母神」。

3. 放鬆手指力氣後，凝視手部，唸誦「諸余怨敵皆悉摧滅」7遍。
4. 在左手5根手指的指尖各自用手指寫個「鬼」字，原本是要用木劍來寫字的。
5. 對著左手用力吹氣，用力張開指頭。
6. 有手指抽動時，便可判斷是受到何種咒術或靈體影響。

大拇指：有在進行靈修的靈體

食指：死靈　**無名指：**生靈

中指：怨靈　**小指：**咒術、動物靈

咒術的祓除、驅除法

精神上所受的傷害會影響詛咒的效果。即使明明沒有被詛咒，卻認為自己被詛咒了，如此也會成真吧！比起封印、或讓詛咒無效，更好的方法是擁有強大的心靈，貫徹原本的自我。似乎被詛咒了、或是打算對自己施咒，大概都能靠著強大的心靈祓除。

此外，不要想著詛咒別人、不要想著別人去死最好。別做這種壞事。憎恨別人會錯過良緣，漸漸被人討厭、變得孤立。即使施行實現願望的咒術，如果抱著這種負面思想，也會被抵銷無效。

結界咒術、五芒星・九字格紋印

安倍晴明的晴明桔梗紋是「五芒星」，縱橫九條直線組合而成的則是「九字格紋印」。據說九字格紋印是取名自安倍晴明死對頭——蘆屋道滿。

五芒星是表示陰陽五行說的木火土金水五種元素「相剋」的圖。由於可以一筆畫完成，線條又確實封閉起來，所以被拿來封印陷入其中的魔物，另一方面，也被視為魔物無法進入的結界。

九字格紋印則由縱橫交錯的線形成結界，也有除魔的

五芒星

功效。

無論哪種，都能打敗自己的懦弱，也有助於讓自己變得更強大吧。減少軟弱，帶著堅強的意志，應該能避除詛咒才對。

感到不安的時候就在空中用劍指比劃五芒星與九字格紋印吧，也能將圖案畫在卡片、筆記本或石頭上再隨身攜帶，放進祓除袋也不錯。

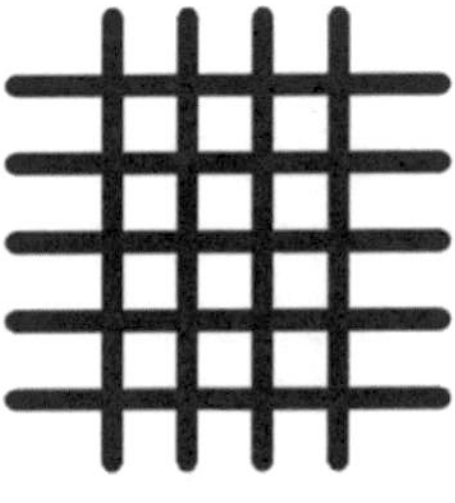

九字格紋印

原諒人的咒術

詛咒某人的行為必須付出相對應的代價，不會光有好結局。因為討厭的對象而背負了風險實在太可惜。詛咒對方之前，先試試原諒對方的咒術。

能改變目前形勢的三要點

一、理解對方是無藥可救的

二、即使道歉也不原諒對方，所以不堅持對方要謝罪

三、盡量拉開距離別扯上關係

實行這三點，從滿月之日開始施行原諒的咒術，步驟如下：

①寫下你無法原諒的事

將恨意一一寫在紙上，反覆讀著寫下來的內容，整理重複之處，使其變成任何人都能輕鬆看懂的說明。花上好幾天不停更新，過與不及都不好。刪除怎樣都無所謂的想法。

②傳達內心深處的想法

如果條列寫出憎恨、統整完之後還是想詛咒對方的話，直接把自己的心情告訴對方。

說出對方的什麼行為讓你有什麼感覺、受到怎樣的傷害，告訴對方你的怨恨、憤怒，

告訴對方別再做同樣的事情了。說不定對方會吃驚地只能聽你說，體會到超越你的震撼。如果立場上難以傳達，就以有事情要商量，有條理地告訴對方你的要求與希望。

傳達內心深處的想法後，繼續實行前述三點吧！對方應該會變得對你而言無所謂，你也不會對對方有任何想法，反而會認為為了無聊的對象煩惱是浪費時間、太可惜了。

對對方做同樣的事並不是報仇，你變得幸福才是真正的報仇。等到對方發現使壞拖你後腿，你卻越來越幸福的時候，為時已晚，對方也只能懊悔了吧！

對對方做同樣的事只會反覆無意義的鬥爭，雙方都會變得不幸，導致「詛咒別人，自己陪葬」的狀況。

替因為找你麻煩反而自掘墳墓的對象感到可憐而原諒了對方，你會越過越好的。

不中咒術的預防法

被人怨恨、嫉妒，或者好心被雷親，是踏上詛咒之路的第一步。畢竟如果憎恨別人，自然會期望對方死亡或倒楣，也用不著施行咒術，像這樣，人會不停詛咒別人。詛咒是種人性，人的一生本身說不定就是受到了詛咒。

詛咒並非單純透過咒術來詛咒別人，其中也包含了人的念想，沒有那種絕對不會受到詛咒、平安順遂過一生的人吧！

同樣的，即使是沒有期望別人不幸、想著必須要復仇這類觸犯禁忌想法的人，也應該曾經在某個瞬間下過詛咒。

不輸給切也切不斷、想去詛咒別人的念頭，便能預防自己中了咒術。不放任負面想法、讓自己能建設性地思考，任何時候都能找出可能性。不是一味禁止，而是去思考怎樣做才行得通。思考後再行動，就不會受到侷限，詛咒也就難以生效。

如此一來，別人就不容易對你施咒，你也會變成開運體質。

不要對自己施咒

沒有人施咒卻中了詛咒，像是整天說著「沒有男女朋友」、「沒有錢」，每天長吁短嘆過生活的人意外地多。語言就是言靈，像這樣把負面事情掛在嘴邊，會漸漸加強那種負面情況，讓現實越來越難以改變。

假設有人認為你很不錯，開始有那麼點喜歡的時候，卻聽到你說「其實我沒人要啦，從沒交過男女朋友」，會讓對方產生「這個人是不是有什麼隱情？」的疑惑，說不定還會讓難得的戀愛機會溜走。如果發現自己在貶低自己，要馬上停止喔！

如果無法原諒小時候受到父母糟糕的對待，變成心靈創傷，這也是一種施加在自己身上的詛咒。不要去煩惱為什麼那時候會受到那樣的對待，而是專心讓現在的自己過著快樂的生活，用開朗樂觀的心態驅逐來自過去的詛咒束縛吧。

人的記憶是曖昧不明的。不為記憶所束縛，將意識專注在開拓未來，便能擺脫詛咒。

祓除袋

祓除袋是在袋子中放進咒具，用來驅除邪氣、保護自己的。可隨身攜帶，也是靈性方面的急救包。準備能帶著走的大小，以防萬一。

放進祓除袋的咒具

❖人偶（準備一個，不限種類）

稻草人、羊毛氈的小玩偶等，自己做的人偶。手工做的人偶會成為你的替身，承受降臨到你身上的災禍。

稻草人要用絲線等繩子牢牢綁好，最後綁個喜歡的蝴蝶結上去，因為這是自己的替身，打扮成自己喜歡的樣子吧！如果喜歡樸實有深度的風格，用沒裝飾的稻草人或紙偶（從懷紙裁剪下的來的人型）也可以。

做好之後，一邊祈求人偶帶走所有降臨在你身上的壞事，一邊對著人偶吹氣3次然後收好。

❖圓形鏡子

作為神鏡的圓形鏡子，所以要準備新品。

反射光線來發光的鏡子可用來除魔。圓形是日本自古以來鏡子的形狀，三種神器之一的八咫鏡同樣也是圓形的。彌生時代前期傳入的鏡子並非用來照映的道具，似乎是被視為神明寄宿其上的憑依物。為了避除壞事、獲得庇佑，建議隨身攜帶圓形鏡子。

❖用懷紙包著的天然鹽（市售的淨化鹽即可）

天然鹽是用來淨化的。用裁成正方形的懷紙包住天然鹽，像在包藥包一般，鹽的量大約2公克（1小匙）。即使只是帶著沒有使用，也要一個月換新一次。

❖懷紙

折1折懷紙，放進1張。

❖干支的守護梵字

出生年干支守護神的梵字。子、戌亥的梵字相同，但守護神與真言不同。將梵字貼在鏡子背面，看是要自己寫、影印之後裁切下來貼、或者買市面上的貼紙來貼都可以。如果是自己寫，請按照筆劃順序。

記住自己干支守護神的名字、真言及梵字書寫筆劃吧。真言隨時可以唸誦，也有人寫在懷紙上，一起放進祓除袋。大受震撼時必須要唸誦真言，所以跟著讓自己容易看懂的筆畫記起來吧！

子

千手千眼觀音

真言

「唵．縛日囉．達摩．紇哩」（om vajara dharma hrih）

丑·寅

虛空藏菩薩

真言

「唵．縛日囉．阿囉頓諾．唵多拉克．娑婆訶」（om vajara aratamno om taraku svaha）

卯

文殊菩薩

真言

「唵．阿囉跛遮囊」（om ar ra ba xia nou）

辰·巳

普賢菩薩

真言

「唵．三昧耶．薩怛番」（om samaya sa tvaṃ）

午

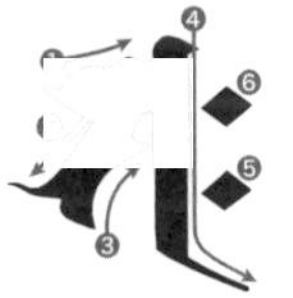

大勢至菩薩

真言

「唵．散．髯髯．索．娑婆訶」（oṃ saṃ jaṃ jaṃ saḥ svāhā）

未·申

大日如來

真言

「唵．縛日囉．馱都番」（oṃ vajra dhī tu vaṃ）

酉

不動明王

真言

「南無．三曼多．縛日囉．赧．吽」（namaḥ samnta vajrā naṃ hūṃ）

戌·亥

阿彌陀如來

真言

「唵．阿彌利陀．底勢．訶羅．吽」（oṃ a mṛ ta te ha ra hūṃ）

❖袋子

自己親手製作傳統日式花紋「魚鱗紋」的小束口袋或者化妝包，用魚鱗紋的包巾包起來也可以。魚鱗紋有除魔的意思，配色組合隨個人喜好皆可。

將前述的咒具放進魚鱗紋的袋子中，祓除袋便完成。

祓除袋的使用方法

如果感受到詛咒的危險，或者有不好的事情發生，便從祓除袋中拿出鏡子。首先先看著鏡子，凝視著鏡中自己的雙眼，穩定心緒。冷靜下來之後，一邊按照筆畫撫摸著鏡子背面自己干支守護神的梵字，一邊唸誦真言7次。

如果這樣還是感到不行，拿出人偶撫摸身體，一邊對著人偶吐氣，一邊唸誦「所有災禍就交給你」，這樣能轉移糾纏在你身上的穢氣。最後將人偶放在懷紙上，撒鹽，直接包起來處分。

如果感受到靈性方面或某種不好的怨念，看是要舔點鹽，或者對著自己撒鹽。

鏡子與袋子以外的物品都是消耗品，用掉了就再補充新的。萬一打破了鏡子，撒鹽後處分掉，再準備一個新的。如果袋子髒了或破了，也請同樣處分掉，換個新的。

四處擴散的社群平台詛咒

無論老少，許多人都理所當然地使用著社群平台，能及時地表達心情，獲得人們的共鳴，另一方面，也有人受到誹謗中傷。成為感情發洩口的社群平台，捲入了世界上各式各樣的意念，是詛咒的渾沌之地。

在社群平台上毫無防備地秀出照片或行動足跡等個人資訊，日積月累下來，便成了對方拿來詛咒用的咒具寶庫。如果有照片及個人資料，即使與對方素未謀面，眼下也能馬上施行「厭魅術」。

輕易地在社群平台上訴說感情，也會產生恐怖的詛咒。自己已經消化過的怨恨或負面情緒如果成為言靈不說出來不行，會被增幅、變成對自己的詛咒。畢竟自古以來，日本便傳說是個祝詞或禱詞等言靈作用繁盛的國家。

光憑著情緒在社群平台上發表內容，會招來與自己用意不同的解釋，也有就這麼一口氣擴散出去的情況。無心的投稿，滲透到自己不知道的地方，會形成無法挽回的詛咒。切記社群平台也是種加強言靈氣勢的工具。

後記

「詛咒」給人恐怖的印象，不過也有期望「這麼做」、積極向前的一面。隨著意圖不同，說不定能替換成正面的看法，無論哪種觀點都要看當事者，也可說是種實現願望的不同方法。

回顧咒術的歷史，可知道祈願或陷害別人不幸的行為，會產生對對方的怨念，被逼到無計可施、進退兩難的地步。不投機取巧，堂堂正正地過活，施行讓未來更好的咒術才是真正的期望。

有時詛咒不用到真的施行，就已經不小心成立了。即使沒有想說要詛咒誰，只要加強想詛咒人的心情，就會向世界洩露出那種想法。藏起詛咒人的想法。快打消念頭。不然就算反悔想當做沒這回事，也為時已晚了。

期許各位不要困於過去、過於好高騖遠，好好看著現在，注入你蘊含的力量，並希望各位都能實現理想。

本書刊載的咒術皆基於文獻史料。
咒術效果與作者、出版社一概無關，敬請見諒。

LUA

自幼就對超自然與神祕的世界十分感興趣，曾任電腦CG設計師，於二〇〇四年轉任占卜師。熟習西洋占星術、塔羅牌、盧恩字母、探測術、數祕術等。現在則撰寫與監修於雜誌、書籍、網路等各方媒體上刊載的占卜相關原稿。特別喜愛蜘蛛與恐怖片。

http://www.luaspider.com/

裝幀・設計◆萩原美和

插畫◆KAOPPE

編輯◆小栗素子

製作 ・ 進行◆田村恵理（辰巳出版株式会社）

咒術使用說明書

出　　版／楓樹林出版事業有限公司
地　　址／新北市板橋區信義路163巷3號10樓
郵政劃撥／19907596 楓書坊文化出版社
網　　址／www.maplebook.com.tw
電　　話／02-2957-6096
傳　　真／02-2957-6435
作　　者／LUA
翻　　譯／李依珊
責任編輯／周佳薇
校　　對／聞若婷
港澳經銷／泛華發行代理有限公司
定　　價／350元
初版日期／2022年１月

國家圖書館出版品預行編目資料

咒術使用說明書 / LUA作；李依珊翻譯. -- 初版. -- 新北市：楓樹林出版事業有限公司, 2022.01　面；　公分

ISBN 978-986-5572-76-1 (平裝)

1. 咒語 2. 符咒

295　　110018652